# 일요일의 예술가

황유원

# 일요일의 예술가

난다시편

## 시인의 말

내게 버림받았음에도 계속 찾아와
나를 때려눕혀준 시에게

그 시를 굳이 찾아 읽어주시는 이 세상 어느
한 모퉁이의 이름 모를 독자에게

이 세상과 저세상의 모든
일요일의 예술가들에게

엎드려 오래 절하고 싶다.

2025년 가을
황유원

## 차례

시인의 말　　　　　　　　　　　　005

**1부 생은 다른 곳에**

장난감　　　　　　　　　　　　　010
18　　　　　　　　　　　　　　　012
콩　　　　　　　　　　　　　　　014
물총　　　　　　　　　　　　　　018
오줌 싸기의 예술　　　　　　　　020
우물물　　　　　　　　　　　　　023
물가로 새들이　　　　　　　　　　024
두꺼비들　　　　　　　　　　　　026
초대장　　　　　　　　　　　　　028
1979　　　　　　　　　　　　　　030
에어프랑스　　　　　　　　　　　033
생은 다른 곳에　　　　　　　　　037
신세계원숭이　　　　　　　　　　042
관악기 연주자의 고독　　　　　　044
민둥산에서의 하룻밤　　　　　　　046
고골의 코골이　　　　　　　　　　048
33　　　　　　　　　　　　　　　052
옮긴이의 말　　　　　　　　　　　055
추도시　　　　　　　　　　　　　058

## 2부 My Favorite Things

| | |
|---|---|
| My Favorite Things | 062 |
| 내가 좋아하는 것 | 064 |
| 두들링(doodling) | 066 |
| 호작질 | 068 |
| 쳇 | 070 |
| 블루 트레인 | 073 |
| 0 | 076 |
| 존재의 방학 | 078 |
| 굴렁쇠 | 080 |
| 땅거지 | 082 |
| 엽서 | 084 |
| 가을 절벽 | 086 |
| 절벽 꿈 | 088 |
| 가을 물고기 | 091 |
| 가을밤 | 094 |
| 밤비 | 098 |
| 고독도로에서 | 101 |

## 3부 연중무휴

| | |
|---|---|
| 푸젠성의 반딧불 | 106 |
| 연중무휴 | 108 |
| 평상 | 109 |
| 햇볕 | 114 |
| 선데이 리뷰 | 117 |
| 보석 목걸이 | 120 |
| 풍이 | 122 |
| 종이 말벌 | 125 |
| 흙장난 | 128 |
| 데저트 블루스 | 131 |
| 마라카스 | 134 |
| hwaryeokangsan | 136 |
| 공든 탑 | 138 |
| 백호의 목소리 | 140 |
| 백호의 손 | 142 |
| 어떤 박수 소리 | 146 |
| 존재와 시간 | 148 |
| 별거 | 151 |
| 염불 교실 | 152 |
| 12월 | 154 |
| 하품 | 156 |
| | |
| 황유원의 편지 | 159 |
| Air France — Translated by Min Ji Choi | 165 |

# 1부
# 생은 다른 곳에

## 장난감


중국 광둥성 자오칭시에 사는 한 남자가 노점상에서
삼십 위안(우리 돈 오천오백 원) 주고 산 해마로 술을 담가 이 년간 마셨는데
알고 보니 그것은 장난감 해마였다고 한다
해마에서 이상한 냄새가 나길래 꺼내서 불태워봤더니
플라스틱 냄새가 났다고 한다

장난감으로 담근 술을 마시는 장난은 일부러라도 치기 어려운 것이니
모르고 칠 수밖에 없는 것 같다
장난감으로 담근 술을 마시는 장난은
장난 중에서도 최고 수준의 장난인 것 같다
장난감 술을 마시고 더 이상한 장난도 칠 수 있을 것 같다
삶이 장난이 되어버릴 것 같다!

진짜 해마는 피로 회복, 신장 강화, 불임 치료, 혈압 억제 등의 효능이 있다는데
장난은 삶 자체를 장난으로 만들어주는 효능이 있다고 한다

물론 남녀노소 모두에게 좋다고 한다

**18**

인생은 시발역도 종착역도 사랑이다
라는 람 다스의 말은 욕처럼 들린다
원문은 그렇지 않고
번역문만 그렇다

그리고 인생은 한바탕 욕을 퍼부어줄 때
더 제대로 작동하는 것 같기도 하다
욕을 먹어야 비로소 웃고 재미있어하며
시발역과 종착역 사이를 미친듯이 오가는 것 같기도 하고

시발역과 종착역 사이가 몇 광년 떨어져 있는 게 아니라
이미 하루하루가 종착역에 다다른 것만 같은 기분일 때
시발…… 역이라는 말이 입에서 절로 나올 때
시발역이 그립다기보다는
가짜 종착역이 아니라 이제는 그만 진짜 종착역에 이르러
그냥 확 내려버리고 싶다는 마음이 고장난 굴뚝 같을 때

갑자기 람 다스의 저 말이 나를 웃기고
인생은 나를 웃기고

그럼 나는 갑자기 인생의 한복판을 달리고 있게 되는 것이다

사랑과 사랑 사이
지나간 사랑과 앞으로 도래할 사랑 사이를 신나게 달리며
아니, 실은 나 대신 달려주는 기차에 한가로이 몸을 실은 채
온몸에 힘을 빼고도 아주 엄청난 속도로 질주하고 있게 되는 것이다

인생은 시발역도 종착역도 사랑이라니!
고개 돌려 바라보는 곳마다 온통 사랑으로 넘쳐나서
인간은 실은 모두가 다른 모두의 연인이라니! (아이 좋아)

너무 좋아서 하마터면 또 욕할 뻔했다

# 쾅

폭발물을 설치하고 싶다 머릿속에
쾅!
터뜨려서 다 날려버리면 좀 가벼워질까
가루처럼 부드러워질까
한순간 굉음과 함께 수십층, 아니 어쩌면 고작 이삼층에서
0층으로 내려앉게 될까
수십층이든 이삼층이든 어쨌든 평생 서 있다 마침내 겨우 한번
주저앉아보게 될까
어쩌면 그것이야말로 복잡한 머릿속을 싹 정리할 수 있는 유일한 방법
대형 구조물이나 거대한 암석을 박살낼 때 사용하는
무슨 발파 공법이나 폭파 공법처럼
머릿속 주름 구석구석에 폭발물을 설치하고는
딸각, 폭파 버튼을 누르고 (하나-둘-셋, 쾅!) 엄청난 소음과 진동과 분진이 가라앉은 다음
구름 한 점 없는 고요한 하늘처럼 떠오르는
너무 심심해 아무도 휴대폰 꺼내 들고 찍지는 않을 머릿속 풍경을 오래오래

감상하고 싶다
그러고는 그 공법을 무슨 무림 비기처럼 지니고 사람들 찾아다니며
머릿속을 날려버리고 싶은 사람들의 머릿속을 산산이
날려주고 싶다 나는 무슨 이타주의자나 재능 기부자 따위는 절대 아니지만
그렇게 남의 머릿속 폭발시키고 다니다보면 이미 시원해진 내 머릿속이
한층 더 시원해질 것 같다
저 빛나던 2013년의 겨울, 잊지 못할 마이 블러디 밸런타인 내한 공연 때 마지막으로 쏟아지던 노이즈 폭풍을 맞고
악스홀 바깥으로 쏟아져나오자 흩날리던 눈발처럼
눈을 맞으며 눈발에 지워지며 곧장 술집으로 향하던 그날 밤 우리의 발걸음처럼
한층 더 경쾌해질 것 같다
그렇게 사람들의 머릿속을 날리고 다니다보면
어떤 성인의 경지에도 이를 수 있을 것 같다
폭파성인이라는 별명이 붙어
잘하면 경찰의 수배가 내릴 수도 있을 것 같다
우리 가문을 가문이라고 부를 수 있을진 모르겠으나
어쨌든 그것을 가문의 영광 비슷한 것으로 삼을 수도 있을 것 같다
물론 이건 전부 헛소리인데

폭발 후 날리는 분진 정도밖에 안 되는 크기와 깊이의 문장들인데
이런 상상을 해보는 것만으로도 머릿속이 잠시
고요해지는 것 같다 폭발 없이도
폭발에 대한 상상만으로도 머릿속이 문득
맑아진 것 같다
쾅!
맑게 갠 하늘의 한 모퉁이처럼
'스카이라인'이라는 글자에서 '라인'이 박살난 창문처럼 떨어져내리며
저 높은 하늘에서 조각난 채 반짝반짝 빛나는 광경에
눈을 찔려 찔끔 눈물이 흐를 것만 같다
하늘에 혼자 떠 있던 '스카이'가 갑자기 심각한 부끄러움을 느끼며
마지막 구름처럼 급격히 희미해질 것만 같다
이제 '스카이'도 '라인'도 없는 하늘 바라보다
맑게 갠 하늘의 한 모퉁이에 슬쩍 발 내디뎌
올라설 수도 있을 것 같아
그렇게 하늘을 운동장처럼 뛰어다니다 질리면 그냥 아무데서나 뛰어
내릴 수도 있을 것 같아!
그래도 쾅! 하는 경쾌한 소리는
나지 않겠지

퍽, 비슷한 소리나 날 거야
그럼에도 내게는 내 몸을 마음대로 집어던질 자유의지와 권리가 있다
내 머리를 저 높은 하늘에서 저 낮은 땅으로
폭탄처럼 떨어뜨릴 자유가 있다
쓸데없는 머리는 하다못해 콩알탄이라도 될 줄 알아야 한다!
오늘 나는 그 자유에 손을 내밀어 악수를 청한다
그러다 쾅!
손목이 날아가도 좋아
손목이 잠시 슬로모션으로 날아가는 새처럼 보여도 좋아
그 새가 날아가는 곳까지가 지금 내 머릿속이다
지금까지 내가 뽑은 모든 쫭이다
간신히 획득한 깨끗함을 유지할 유일한 방법
비로소 개운해진 머릿속을 머리에서 도려내
길 가다 주운 유리 상자에 넣어 전시하리라
관람을 원하시는 분은 지금 고개 들어 공활한 창공을 넋 놓고 쳐다보시오

# 물총

길 가다 우연히 아이들이 쏜
물총에 맞았다
젖었다
시원했다
기쁜 비명 내질렀다

물총에는 총알 대신
물만이 담겨 있고
허공에 대고 물총을 쏘면
물은 힘차게 발사되다가 살짝 곡선을 그리며
아래로 힘없이 떨어진다

고등학생 때
수업 시간마다 학생들 향해 물총을 쏘는
선생님이 있었다
국어 선생님이었고
아마 시인이었다는 것 같은데

나는 그 선생님을 정말 싫어했는데

오늘같이 더운 날
그가 수업 전 혼자 화장실에서
물총에 물을 채웠을 시간을 생각한다

아이들에게 물총 쏠 생각에
속으로 기쁜 비명 내지르며
축축이 젖어든 영혼으로 화장실을 빠져나왔을

그 선생님이 이제야 좋아졌다

## 오줌 싸기의 예술


여자가 야외에서 오줌 쌌다는 이야기를 들으면
시원하다
자기 방광이 왜 그런지 모르겠다는, 등대로 가다가
길가에 쪼그리고 앉아 오줌을 싸고 또 쌌다는 다이앤 수스의 시를 번역하다가
난데없이 바깥에서(풀숲에서!) 오줌 싼 이야기를 했던
한 여자 편집자를 떠올렸다 아마 화제는 그동안 경험한 가장 당황스러운 일
뭐 그런 거였던 것 같은데 우리와 전혀 개인적인 사이가 아니었던 그녀는 갑자기
저녁식사 자리에서 그 얘기를 꺼내며 굉장히 좋아했고
우리는 살짝 당황했지만 그때 그 이야기는 기억 속에 오줌처럼 고여
증발하지 않고 있다가, 오늘 이 시와 더불어, 등대의 불빛을 받으며
바다처럼 밀려온 것이다
여자가 야외에서 오줌 쌌다는 이야기를 들으면
어쩐지 내 가랑이 사이로 불어오는 시원한 바람이 느껴지고

초록색 풀도 살랑이는 것 같고
쏴아아 시원한 소리가
뭔가 갇혀 있던 게 갑자기 풀려나
주체하지 못할 기쁨으로 마구 달려나오는 소리가 난다
얼마 전 반월역 지하철역 플랫폼에
노상 방뇨 금지 표시가 새로 붙은 것을 보았는데
반월역 플랫폼은 가끔 관리 미비로 풀숲이 생겨나는 야외와 완전히 이어져 있는데
그 플랫폼 야외에서 지금 누군가 시원하게 오줌 싸는 소리가 들릴 듯도
하다 쏴아아
바람 부는 소리와 도저히 구분되지 않을
오줌 싸는 소리
소나기 내리는 소리와도 구분되지 않을
오줌 싸는 소리
시원한 바람이 불어오는 가운데
바람이 밀어낸 오줌이 발목에 튀어
전해지는 따스함
이렇게 써놓고 나니 이건 꼭 황인숙 시인의 "아아 남자들은 모르리"로 시작하는 시의 속편 같고
하지만 나는 남자지만 모르지 않고
모르기는커녕 너무나 잘 알 것 같고
그 이야기와 그때 그 표정을 떠올리는 것만으로도

내가 쪼그리고 앉아 야외에서 시원하게 오줌을
싸는 것 같다
속이 다 시원하게
속이 텅 비도록
내가 내게서 빠져나가는 것 같아
오줌 싸기가
오늘 내가 선보일
지상 최대의 예술 행위인 것만 같아!

## 우물물

우물물
시원하고 시커먼
어둠 속에서 우물우물 오물오물
혼잣말하는 듯한
우물물 우울우울과는
그래도 거리가 먼 듯한
우물쭈물 망설이는 녀석과도
한참 거리가 먼 듯한
속시원히 말하진 않아도 마시면
속시원하게 해주는
시원하고 시커먼 우물물
물방울이 떨어지면 유난히 맑고 큰 소리를 내는
울림이 좋은 목청이 좋은
우물물 우물물
발음하는 것만으로도 자꾸 마시는 것 같은
그래서 괜히 한번 더 발음해보게 되는
공짜 물이 두 잔이나 들어 있는 우물물

## 물가로 새들이
—느리띠야그람*에서



이곳에는 새가 많다
한국에서는 잘 못 보던 새들

후투티 킹피셔 드롱고
오색조 팔색조 별삼광조

안경을 내려놓고
두 눈 내리감고

방에 앉아 새소리 듣는데
여태껏 들은 중 가장 황홀한 새소리 들려

어디서 들리나 봤더니
화장실

고인 물이 배수구로 한 방울 한 방울
떨어지며 울리는 규칙적인 멜로디

음높이도 변해

노래하는 배수구

아니 노래하는 건 실은
물이려나

물이 배수구를 연주하는 것이든
배수구가 물을 연주하는 것이든

물가로 새들이 모여든다는 건 상식
나 몰래 화장실에도 새들은 왔다가

이렇게 희미하게 날아가고 있다
흠뻑 젖어 있다가

어느새 바짝 마른 자리처럼
환하게

* Nrityagram. 남인도 벵갈루루 인근의 오디시 무용 공동체로, 한때 국제 작가 레지던스 프로그램 '상감 하우스(Sangam House)'가 운영되던 곳.

## 두꺼비들

지난밤 꿈에
두꺼비들은 저마다 하나의 깊은 생각이었다
갑자기 뭍으로 나온 깊은 생각들이 펄쩍펄쩍 뛰었다!
깊은 생각 한 마리가 내 손을 앙 물었다
나는 화들짝 놀라며 깊은 생각의 급습을 받아들였다
무서워서
깊은 생각은 늘 그렇게 그토록 무서운 것이어서
나는 한 발짝 물러나며 깊은 생각들이 단체로 도로를 건너는 광경을 지켜보았다
깊게 부풀어오른 몇몇 생각은 차에 치여 뻥뻥 터졌다
하지만 깊은 생각은 원래 눈에 보이는 것은 아니어서
사체는 흔적도 없었고
다만 뻥뻥 터진 소리 후의 깊은 정적만이
좀더 깊어져 있을 뿐이었다
두꺼비들은 알을 낳으러 가고 있다고 했다
연못으로 가서 알을 낳고 죽을 거라고 했다
깊은 생각이 좀더 깊어질 생각을 낳고
기체처럼 사라진다고 했다
내 손을 앙 문 깊은 생각은 벌써 연기처럼 사라져버렸지만

아까 깊은 생각에게 물린 자리가 뒤늦게 아려왔다
이빨 자국마저 선명했다

## 초대장

　어느 시 잡지에서 메일로 송년회 초대장을 보내왔다
　받는 사람에는 이미 죽은 시인과
　이미 죽은 시인의 해설을 썼던 이미 죽은 평론가의 이름이 포함되어 있었고
　나는 처음에는 그들의 무신경함에 혀를 차고 치를 떨다가
　이윽고 그들의 사려 깊음에 고개를 떨구고 말았다
　그들은 죽은 사람들에게도 초대장을 보낸 것이었다
　죽은 사람이 송년회에 오지 말라는 법은 없고
　제사 때 따른 술을 마신 귀신은 역사상 없었던 것으로 미루어
　죽은 사람은 아마 술을 마실 수 없을 것이고 따라서 술값이 늘어날 걱정도 할 필요가 없으니
　불러서 해될 건 아무것도 없을 것이었다
　운이 좋으면 우리는 귀신이 읊어주는 시와
　역시 귀신이 들려주는 시 해설을 들을 수도 있을 것이었다
　어쩌면 두 귀신은 오랜만에 만나 안부를 묻다 말다툼을 벌일 수도 있을 것이었고
　그러면 우리는 난생처음으로 귀신들의 말다툼을 들을 수도 있을 것이었다

송년회가 다시 망년회로 바뀔 만큼
그날 하루에만 잊고 싶은 일이 잔뜩 생겨날 수도 있을 것이었다
세상에는 잊고 싶은 일이
늦은 밤 술자리에 널린 남은 안주와 술병처럼 사방에 널렸고
나는 송년회를 망년회로 만들고 싶은 마음에
그곳에 한번 가볼까 하는 생각이 들었다가
좋아하던 시인은 가능하면 만나지 않는 게 좋다는 평소 생각을 불현듯 떠올리며
그러지 않기로 했다
귀신이 들러붙을 일은 피하기로 했다
어느 날 내가 귀신이 되어 그 자리에 불려갈 때까지
그 자리에 가서 깽판을 치고 다시 영원히 잊힐 때까지
망년회 참석은 잠시 미루기로

## 1979

  스매싱 펌킨스의 노래 제목이자
  아내가 태어난 해
  나는 아직 이 세상에 없던 해
  아직 이 세상에 없던 내가 이후 1997년에 그렇게나 많이 듣게 될 노래
  아직 이 세상에 없던 내가 그해 나보다 먼저 태어난 너와 거의 삼십 년 후 만나고 한참이 흐른 뒤에도 계속 듣고 있는 노래
  1979년에는 아직 이 세상에 없던 노래
  어쩌면 언젠가는 이 세상에서 없어질 노래
  늦봄 또는 초여름에 나타난다는
  '떡갈잎풍뎅이'라는 뜻의 영어 단어 june bug를
  처음 알게 해준 노래
  나는 유월생이고
  그래서 나는 유월 풍뎅이 같기도 하고
  유월은 유원 같기도 하고
  어쨌거나 오늘처럼 희뿌연 늦여름날 뉴올리언스 시티파크에서
  스페니시 수염을 잔뜩 매단 라이브 오크나무에 온몸 기

대고서 그늘을 즐기고 있으면
 공원 여기저기서 들려오는 아이들의 소음만으로도 1979를 듣는 것 같고
 나는 아직 태어나지 않은 것 같고
 너는 이제 막 태어난 것 같고
 하지만 언젠가는 필연적으로 울려퍼질 소리들이 소리의 속도로 소리의 속도보다 빠르게 faster than the speed of sound
 생명의 얇은 막을 두드리고 있는 것도 같고
 결국 그건 다 한여름날의 꿈이어서
 살찐 내장은 말라비틀어지고 팽팽하던 고막은 우글쭈글해지고
 단단한 등껍질만 뼈다귀처럼 오크나무 아래로 툭 떨어질 테지만
 이 오크나무는 아직 열리지도 않은 작은 도토리의 형태로 아이들 발에 차이거나 다람쥐 볼주머니에 저장되어 있을 테지만
 노래는 여전히 반복 재생중이고
 반복 재생중인 노래는 시작도 끝도 없어
 태어나고 죽고 태어나고 죽고 태어나고 죽으니
 죽음이 탄생에 선행하고 탄생에 죽음이 선행하니
 그것은 그야말로 끝없는 노래
 성공도 실패도 없는 노래이고

그렇게 끝없이 반복 재생하다보면

이 지구에도 언젠가 9791년이 도래할지 모르지만

어쩌면 그때는 지구가 박살나서 가루가 되어

카운팅할 사람이 아무도 없어지고

지금이 1979년인지 9791년인지 신경쓰는 사람이 아무도 없게 될지도 모르겠지만

지금이 1979년이든 9791년이든 사실 그건 별로 중요하지 않고

그건 아무 차이도 없고

기원전인지 후인지 모를 지구에 어느덧 황혼이 내려

마지막 남은 동네 아이들이 우르르 몰려와 오크나무 위로 두루마리 휴지를 두르르 던져대면

사방은 온통 하얘지고

백색 유령처럼

희뿌연 여름날이 다시 재생되고

온통 하얘진 우리 등뒤로 지칠 줄도 모르는 1979가 한 마리 유월 풍뎅이처럼

창백한 우주의 BGM 같은 속날개를 마저 펼치고

## 에어프랑스

내가 유령작가였을 때

유령작가의 신분으로 에어프랑스 웹진에 광고성 에세이를 연재했을 때

마르셀 프루스트의 『꽃핀 소녀들의 그늘에서』를 들먹이며 한 번도 가보지 못한 카부르 해변의 아름다움을 찬양했을 때

고맙게도 그 글을 읽어준 그는 왜 글에 네 이름이 안 실렸느냐며 격분했고

나보다 더 심각하게 반응하는 그의 태도에 어이가 없던 나는 그보다 더 격분했다

유령이 이름을 써서 뭐하나?

유령작가가 유령인 데는 다 이유가 있는 것이다

그것은 계약상 합의된 사항이다

이름이 실리지 않았다고 징징대는 유령은 유령의 자격이 없다

유령이 유령다우려면 이름 따윈 지우고 또 지워버려야 한다

게다가 이름이 자꾸 지워지면 내가 정말로 지워지는 것도 같고

그것은 의외로 자의식 비대증 치료에 큰 도움이 된다
산다는 게 실은 점점 더 유령에 가까워지는 일임을 실감하게 된다 흐릿하던 유령이 점점 더
선명해지고 선명하던 이쪽 세계는 어느새 초점을 잃고 점점 더
흐릿해지는 것이다
왜 이름이 안 실렸느냐고 격분하는 일은
죽어서도 결코 유령임을 인정하지 않겠다는 쪽에 가깝고
그러다보면 화가 따르게 마련이다
유령이 되어서 살아 있는 남에게 기어코 해코지하게 되기 마련이다
내가 유령작가였을 때
나는 한 번도 타보지 못한 에어프랑스를 타고 허공을 가르며
순식간에 프랑스에 도착해 온갖 지역을 다 돌아다녀보았고
그곳에서 참 행복했다 아침이 되기 전까지는
태양을 피해 꽃핀 소녀들의 그늘을 찾아 숨어들기 전까지는
유령은 날 수 있지만 프랑스는 유령의 몸으로 날아가기에는 너무 멀어서
가다가 추락해 물에 흠뻑 젖어 급기야 물귀신이 될 수도 있어서

유령의 신분으로 에어프랑스를 타는 건 늘 즐거웠고
그것은 유령으로서 누릴 수 있는 가장 큰 기쁨이어서
나는 기꺼이 유령작가로 남아 타이핑을 했다 어느 날 갑자기 잘리기 전까지는
이제 거의 다 지웠다고 믿은 이름이 다시 내게 돌아와
별안간 백주 대낮에 벌거벗은 동상처럼 선명히 서 있는 나 자신을 발견하게 되기 전까지는
마지막으로 마감한 글은 발표되지 않았고
원고료는 받지 못했고
그때 자료 조사차 자비로 구입한 책들만이 아직도
책장 맨 아래 칸에서 뿌연 먼지를 뒤집어쓴 채
유령 비스무리한 무언가로 변해가고 있을 뿐
내가 유령작가였을 때
그때 나는 아직 한창때였고 이름 없이도 아니 이름이 없어서 어디든 날아다닐 수 있었다
산 존재는 절대 못 느끼는
이름 있는 자는 감히 근접하지 못할
유령만의 새하얀 베일 같은 기쁨 속에 머무를 수 있었다
꽃핀 소녀들의 그늘에서
하나둘 지는 꽃잎처럼 이름을 지우고 또 지우며 유령이 되는 쾌감에 빠져 죽을 수 있었다
에세이 한 편만으로 프랑스까지 날아갔다가 날이 새면 돌아올 줄 알았던

나는 어쩌면 그때 더 작가 같았다

더 작가 같았을 때 쓴 모든 시와 산문은 그 이듬해 고장난 컴퓨터와 함께 폐기 처분되었다

깨끗이 사라져버렸다 낯을 맞이한 유령처럼 흔적도 없이

나는 분명 그때 더 작가 같았고

유령의 맛을 제대로 볼 수 있었고 유령의 멋을 제대로 낼 수 있었고

이렇게 번거로운 육신과 이름에 크게 얽매이지 않은 채

비행기만큼이나 커다란 유령이 되어 하늘에 공중 문자(skywriting)를 휘갈겨 쓸 수 있었다

그래봤자 공중 광고였지만

자본주의의 유령이었지만

작가도 아니면서 작가의 기분을 만끽할 수 있었다

내가 유령작가였을 때

나는 매 순간 떨어지는 꽃잎 같은 필체로

향기로운 비존재의 글을 줄줄 써내려갈 줄 알았다

그리고 떨어지면 바로 잊히는 꽃잎이 더이상 꽃나무의 것이 아니듯

그것은 더이상 나의 글이 아니었다

저승으로 내려가는 발걸음마냥

한 줄 한 줄 가벼웠다

## 생은 다른 곳에


어느 날 문득 그 사실이 분명해졌다

생은 다른 곳에 있다

대출 상담받느라 은행 다섯 곳을 다녀온 날 저녁 밥상머리 앞에서 갑자기 분명해진 사실

그곳이 어딘지 모르겠으나 어쨌든 이곳에 없다는 것만은 분명하고

어쩐지 '생은 다른 곳에' 같은 제목의 책 같은 게 분명 있을 것만 같아 검색해보니 그것은 밀란 쿤데라의 소설 제목이고

나는 좀 놀라다가 사실 생이 다른 곳에 있다고 느끼는 게 딱히 독창적인 감각은 아니므로 곧 놀라기를 그치고

굳이 그 책을 읽어봐야겠다는 생각은 들지 않고

생은 바삐 다른 계획을 세우는 동안 일어나는 무엇이라는

원래 존 레넌의 말은 아니지만 모두가 존 레넌의 말로 알고 있는 그 유명한 말을 떠올리며

생은 다른 곳에서 벌어지고 있다는 감각이야말로 실은 생이 이곳에서 벌어지고 있을 수도 있다는 증거처럼 느껴지기도 해서

존 레넌에게 마리화나를 처음 맛보여준 밥 딜런의 말처

럼 갑자기 다른 곳에서 이곳으로 태어나느라 바빠지는 것이다
 그럼에도 생이 오는 곳은 다른 곳이고
 이곳에서의 생은 사실상 텅 비어 있고
 텅 빔은 하루하루 커져가서 나는 공활한 하늘 비슷한 무언가가 되어가고
 오늘도 내 안으로 온갖 구름과 먼지가 지나가고 또 지나가고 지나가기만 하고
 생은 아무래도 다른 곳에 있고
 아무리 봐도 이곳에는 없으니 어딘가 다른 곳에는 있을 게 분명하고
 그러니 이제 나는 그만 다른 곳으로 가봐야겠다
 잠시 다른 곳으로 갔다가 다시 생이 없는 이곳으로 돌아와 생을 번창시키진 않고
 생이 없는 이곳에서 원고 마감은 그만하고 생이나 마감해야겠다
 그런 상상을 한번 해보는 동안에도 생은 흘러가고
 뜬구름처럼 흘러가는 생이 이곳에도 있고 저곳에서 있다가
 이곳에도 없고 저곳에도 없어져서
 흔적도 없게 될 것이다
 그럴 때도 생은 계속 다른 곳에 있겠지
 이곳에 있으면 생은 생도 아닐 것이다

생이 다른 곳에 있을 것만 같다
그곳에 가면 생을 만날 수 있을 것만 같다
생은 다른 곳에
어쩌면 완전히 막다른 곳에 있을 것만 같고
막다른 곳 너머는 바위 절벽일지도 모를 것 같고
그 너머로 몸을 던지면 바윗덩이처럼 산산이 부서져
다른 곳으로 옮겨갈 수 있을 것만 같다 그럴 것만 같다
아아 그래야만 한다 반드시 기필코 무조건
반드시 기필코 무조건
이 말을 주문처럼 반복해야만 할 것 같다
생은 다른 곳에 있다
반드시 기필코 무조건
어찌 그렇지 않을 수 있겠나
어찌 그냥 눈앞에 있을 수 있겠나 그럴 리 없다 생이 그렇게 뻔할 리 없다 아무렴 설마 그럴 리가 그렇게 시시할 리가
생은 다른 곳에 있어서 자꾸 이곳으로 배달돼오지만 아무리 배달돼도 동나지 않는 무언가 같다
그렇게 계속 다른 곳에 있는 것 같다
생이란 죽을 때까지 써도 다 쓸 수 없는 대출금인 동시에 죽을 때까지 갚아도 다 갚을 수 없는 원금인 것만 같고
차라리 매달 생겨났다 처리되는 게 고작인 삼십 년 치 이자 같고

생은 다른 곳에 있다는 생각은 이곳 생의 무게를 덜어주는 듯하다가도 가중시킨다
다른 곳에 있는 생이 산사태처럼 어느 날 조금은 이곳으로 무너져내릴 것인가
이곳은 잠시 생에 파묻혀 환락의 비명 내지를 것인가
생을 처음 본 이들은 그것을 감당할 수나 있을 것인가
그것을 환각으로 여기고 무시한 채 그냥 없는 척 살아갈 것인가
납골당에 고이 보관된 뼛가루처럼
생 없는 생을 유지해나갈 것인가
생은 다른 곳에 있다
다른 곳으로 가자
다른 곳으로 가서 확 달라졌다가
이곳으로 조금씩 산사태처럼 무너지자
J. M. W. 터너는 눈보라를 직접 경험하기 위해 배의 돛대에 스스로를 묶었다
그때 그 눈보라는 다른 곳에서 오는 생이었다
스스로를 묶지 않으면 찾아오지 않는 생
이 글을 쓰는 동안 나는 너무 오래 다른 곳에 묶여 있어서
이곳으로 돌아오기까지 시간이 너무 오래 걸리고
아무리 기다려도 이곳으로 돌아와지지 않고
다른 곳과 이곳 사이에 끼어서 반드시 기필코 무조건
반드시 기필코 무조건

중얼중얼 중얼중얼

## 신세계원숭이

신세계원숭이(New World monkey)라는 게 있다
신세계백화점에 가면 볼 수 있는 건 아니다
신세계 교향곡을 들으면 그 울음을 들을 수 있는 것도 아니다
그것은 이백의 시나 두보의 시에서처럼
애처롭게 울지 않는다
신세계원숭이는 울음을 졸업했다
울음이란 구세계의 것이므로
울음 따위는 벌거숭이등구세계과일박쥐(naked-backed Old World fruit bat)에게나 줘버려라
썩은 과일처럼 눈물이나 질질 흘리게
그러다 창피해서 몸 차곡차곡 접고 차곡차곡 접힌 어둠 속으로 날아가버리게

신세계원숭이라는 게 있다
어느 날 우연히 전신거울을 보니 그 속에 원숭이 한 마리 들어앉아 나를 쳐다보고 있었다
옛 졸업 사진첩이라도 넘겨보듯 나를 이리저리 훑어보며
졸업한 울음을 추억하고 있었다

나에게 악수를 건네는 척하다가
나를 낚아채 거울 속으로 끌어당기고는
동시에 자기는 휙 밖으로 빠져나와 거울 속 자기 모습을 마지막으로 한번 돌아보고는
두 손과 두 다리로 재빨리 달려 신세계로 진입하고 있었다
벌거숭이등구세계과일박쥐가 잔뜩 매달린 거울 속 동굴 속에 남겨진 나는
그들과 함께 구세계의 아름다움을 마지막으로 찬양하며 온갖 성의를 다해 합창곡을 불렀다
썩은 과일 같은 멜로디를 동굴 밖까지 질질 흘렸다

## 관악기 연주자의 고독

　코로나19 당시 서울시향은
　연주자 사이의 거리 두기 앉기가 가능한 곡으로 공연 프로그램을 바꾸고
　비말 전파 위험이 큰 관악기 곡은 가급적
　연주를 지양하기로 했다

　전염병 시절에 고독한 사람이 어디 관악기 연주자뿐이겠느냐마는
　오늘 밤 지구에서 고독한 사람은
　모두 관악기 연주자나 다름없는 것 같고

　고독한 사람들이 혼자 방에서 내뱉는 말은
　모두 관악기 연주나 다름없다는 생각

　관악기 연주를 듣고 있으면
　한 인간이 혼자서 긴 터널을 통과하고 있는 모습이 떠오르고
　터널을 생각하면 나는 터널처럼 외로웠다는
　네루다의 시가 생각나기도 하는데

나는 터널처럼 외롭지 않았다
터널을 통과하는 꽉 찬
바람처럼 외롭지 않았다
바람이 들어왔다가 터널의 반대편이 무너지고
바람이 뒤돌아서서 다시 반대편 향해 달려갈 때
나머지 출구도 무너져버린 것처럼
외로웠다

무너진 터널에서 기어이 기어나온 음악들이
로그아웃되듯 공중에서 소멸하는 밤이다

# 민둥산에서의 하룻밤*

바하는 이미 오래전에 바흐가 되었고
무소르그스키는 어느새 무소륵스키가 되어 있었다
바흐는 바하보다 좀더 내성적이고 침착한 느낌인데
무소륵스키는 무소르그스키보다 좀더 과격하고 압축된 느낌이야
과격하지만 윽! 윽! 하고 매번 화를 참다가 화가 압축되어버린 표정을 박제한 듯한 느낌
우루룩우루룩 눈보라가 울부짖는 소리보다는
우르륵우르륵 하고 입안을 헹구는 소리에 가까운
무소의 뿔처럼 혼자서 가다가 욱하는 마음에 최고 속도로 내달리다 주르륵 미끄러지는 느낌!
주르륵 미끄러져 빠개진 골통에서 피가 주르륵 흘러내리는 소리를 순간 포착해 악보에 기록한 느낌……
하지만 정작 Мусоргский 자신은 이런 사실을 알지 못할 것이다
변방의 한 국가의 한 시인이 자기 이름으로 말장난을 치며 혼자 킥킥대고 있다는 사실을
알지 못하겠지만 그는 이미 그런 곡을 작곡했는지도 모를 일이다

한밤에 눈보라가 칠 때 듣는 무소륵스키는
그런 사실을 창문 한 장으로 다 보여주고 들려준다
떨어져내리는 눈송이마다 윽! 윽! 하고 모든 걸 포기하는 동시에 그 어느 때보다도 편안히
지상에 착륙해
민둥산에서 무사히 하룻밤을 보낸 무소륵스키가
담요처럼 쌓인 흰 눈 털고 일어나 말한다
나는 눈물 타령이나 하고 싶지 않다
질질 짜고 싶지 않다 나는 전율하고 싶다
눈물은 하강적이고 전율은 상승적이지!
눈물은 저차원에 머무는 일이고 전율은 저차원과 고차원을 마구 오가며 진동하는 일이다
진동하다 어느 순간 저 차원으로 순간 이동하는 일이다
오늘만큼은 눈물 금지 포옹 금지 하고 싶다
청중 일동, 민둥산에서 발가벗은 음표 하나로 다들 일제히 전율!

---

\* 니콜라이 고골의 「성 요한제 전야」에 영감을 받아 쓰인 곡으로 '민둥산(리사야 고라Лы сая гора)'는 슬라브 전통에서 마녀와 악령들이 모여 집회를 벌이는 장소로 전해진다.

## 고골의 코골이

머릿속에 열차가 지나간다
한 량, 두 량, 세 량……
내 머리는 열차의 바퀴보다도 작은데
그런 머릿속으로 열차가 줄줄이 끝도 없이……

그 열차에는 웬일인지 고골이 타고 있고

고골의 코골이는 드르렁 드르렁

쉬지 않고 돌아가는 공장 소리처럼
화물칸에서 이리저리 부딪히며 울리는 드럼통들처럼
드르릉 드르릉

꿈에서도 힘차게

고골의 코골이에서는 처음 맡아보는 냄새가 나
아니 내일 맡아볼 냄새가 어쩌면 오늘 미리

드르렁 드르렁

힘차고 무식하고 가차없이

드르렁 드르렁

ㅇ을 양쪽 바퀴로 달고 ─ 네 개를 철로 삼아 ㄹ이 마구 굴러가는 꿈

열차는 석탄을 태우는 힘으로 시시각각 사각사각 움직이고
고골은 뭘 자꾸 태운다
학교 친구에게 욕먹은 습작 「트베르디슬라비치」를 찢어서 불태우고
평단의 조롱을 받은 서사시 『한츠 퀴헬가르텐』을 서점에서 모두 사들여 불태우고
『죽은 혼』 2부는 무려 두 번이나 불태운다

그는 꿈속에서도 정신이 팔려 있고
그의 정신은 아무리 팔아도 다
팔리질 않고

더는 사 가는 사람 없어도
그러거나 말거나 새하얀 정신은

계속 내린다
아까끼 아까끼예비치의 머리 위로 누가
종잇조각을 뿌리며 눈이 내리네 눈이 내리네 놀려대듯

그의 꿈속을 하얗게 뒤덮는다
한 벌의 외투가 필요해질 때까지

고작 한 벌의 외투가 없어
오들오들 떨게 될 때까지

오들오들 떤 덕분에
추위에 대해서라면 그 누구보다도 잘
알게 될 때까지

드르렁 드르렁

길에서 자다 얼어죽어도 꿈을 꾸면서
얼어죽는 꿈을 꾸면서도 차갑고 투명한 얼음 같은
시구를 한 줄 두 줄 적어내면서

드르렁 드르렁

팔리지 않는 책은 모두 사들여 불태워야지

열차의 연료로 써버려야지

이 모두가 고골이 코골이를 하는 동안 펼쳐지는 일들

고골의 코골이는 열차가 아무리 난동을 피워도 계속돼
오늘 밤이 계속되는 한
끝나지 않으리

코가 사라질 때까지

누가 열차 안으로 침입해
좌석에서 곤히
잠들어 있는 그의 코
베어가버릴 때까지

코가 사라지고도 들려오는 고골의 첫 코골이 소리가
이 시의 첫 행

## 33

반복한다

반복하면 어떻게 되는가

구멍이 뚫린다 만일 그게 종이라면

하지만 허공에 반복하면 점점 더

파고든다 나사를 조이듯

돌리고 돌리고 돌리면 단단히 고정되지 않고

무한히 돌아가며 무한히 깊어진다 반복하면

방금 한 말을 또 하고 또 하고 또 하면 방금 한 그 말은 방금 한 그 말이 아니게

된다 그것은 도대체 어떻게 가능한가

반복을 통해 가능해진다 반복을 통해 이르고 이루고 마침내 도취되면

모든 게 달라 보인다 모든 건 원래 달라지는 것이다

다름을 그 본질로 가지는 것이다 본질적으로 다른 것이다 나조차도 나에게 늘 같은 것은 아니다

같았던 적이 없다 자기 동일성이란 늘 겨우 종이 한 장 들어갈 틈새를 무한히 건너뛰며 간신히 이어지고

그 종이에는 쉽게 구멍이 뚫리고

구멍 뚫린 종이에서 어느 날 흑심 가루가 쏟아져나온다

눈떠보면 시커먼 막장에 있게 될 때까지

어둠 속에서 어둠을 어둡고 어둡게 반복하고 있을 때까지

검은 건반과 하얀 건반을 번갈아 치며 아무 소리나 무작위로 내고 있을 때까지

뚫어져라 쳐다보고 빼꿍빼꿍 새되게 외치며

반복한다 반복해서 말한다

말하고 말하고 또 말한다 아무 의미 없는 말을 아무 의미도 없어질 말을

갑자기 해변에서 말 한 마리 달린다

물론 아무 의미도 없다

바람을 가르는 속도와 말이 흘리는 땀과 땀에 젖어 빛나는 말의 갈기가 있을 뿐

반복한다

말도 반복하고 나도 반복한다 앞발과 뒷발의 움직임을 반복하며 달리고 달리고 또 달린다

아무리 달려도 번복할 수 없다

아무리 뒤집어도 뒤집히지 않는다 앞이든 뒤든 반복된다

이렇게도 자보고 저렇게도 자보는 동안

앞으로도 넣어보고 뒤로도 넣어보는 동안

이불에 구멍이 뚫리지는 않고 대신 관계가 깊어지고 잠자리가 깊어지고 꿈자리가 깊어진다

깊어진 꿈속에 처박혀 다시는 헤어나올 수 없는 꿈을 꾸게 된다

그런 꿈을 반복해서 꾸고 말게 된다

반복한다 반복해서 수도꼭지를 틀고 반복해서 수도꼭지를 잠근다

반복한다 반복한다

오늘도 잠에서 깨어나 밥 먹고 설거지하고 양치하고 밥벌이하고

내일도 잠에서 깨어나 밥 먹고 설거지하고 양치하고 밥벌이하고 그러다 어느 날 이가 상하고

날카로운 날이 모두 상하고 마모되어 아무데에도 박히지 않는 나사가 될 때까지

반복한다 반복된다 돌이키고 회복된다

영원한 회복기에 이를 때까지

분명 십자가에 못박혔는데 어느새 부활해 멀쩡히 걸어다니시는 우리 주 예수그리스도의 이름으로

망가지고 파괴된다

## 옮긴이의 말

내가 그거 그냥 제자리에 두라고 했지!
그러나 여전히 제자리가 어딘지 알 수 없어
배를 태우고 기차 태우고 비행기 태워
이쪽 항에서 저쪽 항으로
저쪽 역에서 이쪽 역으로
이리 옮기고 저리도 옮겨보지만
아니야 아니야
여기도 아니고 저기도 아니야
자꾸 아니야 아니야만 되풀이하게 되고
어쩌면 아까 그 자리가 제자리였는지 몰라
뒤늦게 후회해보지만 아까 거기가 어디였는지 도통
기억나질 않아
이리 옮겨다니고 저리 옮겨다니다 결국 갈 곳 잃은 채
네르발처럼 어느 으슥한 골목 쇠창살에 목매다는 것으
로 막을 내려보지만
거기도 제자리는 아니고
죽어서도 제자리에 있지 못해
묫자리로 옮겨도 제자리가 아니라
다시 묫자리에서 기어나와 옆자리로 옮겨보고

거기서도 잠자리가 불편해 편한 잠이 부족해
이리 뒤척 저리 뒤척이다가
아무래도 안 되겠군!
아싸리 밖으로 기어나와 한밤중의 거리를 싸다니는
싸다니다 어쩔 수 없이 오늘도 발걸음을
다시 단골 술집으로 옮기고 마는 이의 말
옮기면 옮길수록 점점 더 무거워지는 두 팔로
뽑아서 어디 숨겨둘 수도
그렇다고 그냥 아무데나 막 내다버릴 수도 없는 두 다리로
어디서 어디로 뭘 옮기는지도 모른 채
옮긴이에서 다시 옮기는 이가 되는
그 영원한 현재의 옮김 속에서
자신이 옮긴 것을 미처 한번 쳐다볼 새도 없이
그 영원한 현재 속을 진행하고 또 진행하여
옮기고 또 옮기고
옮기고 또 옮기며
마구 지껄여대는 어느 옮긴이의 말
옆에 앉아 그 말 꾸역꾸역 들어주고 있던 이는 어느새
자리를 옮긴 후고
모두가 제자리를 찾아갔는데
나만 혼자 제자리를 찾지 못한 채
이리 옮기고 저리 옮기는 존재의 야심한 시각이고
다시 보면 그냥 단순한 밤인데

모든 게 단순한 하나의 문장이고
단순한 하나의 단어일 뿐인데
나는 기껏 술잔 속에 담긴 술이나 내 몸속으로 다시
옮겨 담으며 이렇게 술주정에
육박하는 수위의 옮긴이의 말이나 중얼거려본다
머지않아 이승에서 이승 아닌 어딘가로
송두리째 옮겨질 때까지

# 추도시

  이틀 연속으로
  장례식 꿈을 꾸었다
  첫째 날은 내 장례식이었고
  나는 내 장례식에 참석해 있었다
  죽이는 꿈보다는 죽는 꿈이 백배 낫다고 안도했고
  둘째 날은 아는 선배 시인의 장례식이었고
  나는 거기 참석해 혼자 구석에서 제멋대로 추도시를 쓰고 있었고
  사실 그 시인은 아직 멀쩡히 살아 있었기에 그것은 말도 안 되는 꿈이었는데
  생각해보면 그 시인이 죽는 것은 시간문제였으므로
  그게 그렇게 말이 안 되는 일만은 아닌 것 같았다
  그것은 언젠가 있을 일이었고
  나는 앞으로 분명 일어날 그 일을 조금 앞당겨 경험하고 있었고
  어쩌면 그 시인의 자리에 내가 가 있어도 전혀 이상한 일은
  아닌 것 같았다 모든 것은 시간문제이므로
  어쩌다 시간이 잘못 뒤엉키면

내가 내 장례식에 참가할 수도 있을 것 같았고
　내 장례식에 내가 아는 선배 시인이 참석하거나 아직 멀쩡히 살아 있는 선배 시인의 장례식에 내가 참석하거나
　그 선배 시인이 아직 살아 있는 자신의 장례식에 참석할 수도
　있을 것 같았다
　어쩌면 우리는 이미 다들 자신의 장례식에 참석한 다음 날 잠자리에서 깨어나
　어안이 벙벙한 채로 하는 수 없이 오늘을 살고 있는지도 몰랐고
　그래서 나는 그 선배 시인에게 그렇게 큰 죄책감은 느낄 필요 없다고 애써 되뇌며
　내 마음대로 그런 꿈을 꾼 것은 전혀 무례한 일이 아닐뿐더러
　너무나도 정당한 일이라고
　나 또한 이미 다른 시인들의 꿈속에서 여러 번 장례식을 치렀을지도 모른다고
　큰 소리는 아니고 나 자신에게만 들릴 정도의 볼륨으로 속삭이며
　잠자리에서 일어나 앞으로 내가 영원히 드러누울 대지 위로
　아침의 박수를 받으며 성큼성큼 걸어나갔다

# 2부
# My Favorite Things

## My Favorite Things

세상에 마음에 드는 것 하나 없을 때
존 콜트레인이 연주하는
〈My Favorite Things〉를 듣는다
좋아하는 게 이렇게나 많다니!
삶이 엿같고 엿같고 또 엿같을 때
〈My Favorite Things〉를 들으면
나도 좋아하는 게 있었다는 사실을
다시금 떠올리게 되고
그럼 갑자기 엿같고 엿같고 엿같던 삶도 조금은
행복하게 물드는 것이다
곡의 제목과 가사 덕분에
어쩌면 순전히 존 콜트레인의 숨결 덕분에

콜트레인은 노래한다 (물론 속으로)

"장미에 떨어지는 빗방울, 새끼고양이 수염
반짝이는 놋쇠 주전자, 따뜻한 털장갑
끈으로 묶인 갈색 종이꾸러미
이게 내가 제일 좋아하는 것들이랍니다"

"크림색 조랑말, 바삭한 애플 슈트루델
초인종 소리, 썰매 방울 소리, 누들을 곁들인 슈니첼
달빛을 날개에 품고 날아가는 기러기떼
이게 내가 제일 좋아하는 것들이랍니다"

"파란색 새틴 허리띠를 두른 흰 드레스 차림의 소녀들
코끝과 속눈썹에 머무는 눈송이들
녹아서 봄이 되는 새하얀 은빛 겨울들
이게 내가 제일 좋아하는 것들이랍니다"

"개한테 물렸을 때, 벌한테 쏘였을 때
마음이 울적할 때
나는 다만 내가 제일 좋아하는 것들을 떠올려봐요
그러면 기분이 한결 나아지거든요"

세상에 마음에 드는 것 하나 없을 때
이렇게 누군가가 자신이 좋아하는 것의 리스트를 읊는 소리 들으면
분해서라도 나도 무언가 좋아하고 싶어진다
없으면 만들어서라도 리스트를 자랑하고 싶어진다

바야흐로 예술이 시작된다

## 내가 좋아하는 것

내가 좋아하는 것은

다리 한두 개 떨어진 채 너무 환히 밝혀진 해부대 같은 플랫폼 기어가는 밤의 딱정벌레 한 마리,

사찰음식처럼 몸에 좋은 예술이 아니라

진에 보드카에 위스키까지 퍼마시고 어디서 생긴지도 모르는 상처에서 흐르는 피를 남의 집 침대에 묻힌 채 더럽게 드러누워 울부짖는 예술,

내가 좋아하는 것은

사찰음식처럼 건강하고 깨끗한 거장의 공연이 아니라

그 공연 보고 허망한 마음으로 돌아가던 지하철에서 보고 바로 뜯어 읽은 '**속보! 적그리스도가 준비됨**'이라는 이상하게 마음을 위로해주는, 나도 어서 무언가 준비해야 할 것만 같은 괴상하게 효력 있는 전단지,

종교학과 엠티 때 갔던 어느 고찰 템플스테이에서 혼미한 새벽에 백팔배 하며 들이마신 서늘하고 맑은 수만 개 단도 같은 공기보다는

휴학하고 떠난 인도 콜카타의 먼지 구덩이 같은 칼리 사원에서 공중에 솟구치던 검은 염소의 먼지 묻은 한줄기 붉

은 피 냄새,

　내가 좋아하는 것은
　세검정(洗劍亭)에 집 보러 갔다가 이제는 출입 금지된 복원한 가짜 정자에 들어가 옛 선조들이 씻었던 칼 냄새를 떠올리며 듣는
　아직도 귀기울이면 녹음테이프라도 튼 것처럼 그대로 들려오는 날카로운 물소리,
　주저흔을 숨긴 채 어떻게든 다음 트랙으로 넘어가는 버튼을 누르려는 너의 손,

　내가 좋아하는 것은
　내가 좋아하는 것은
　오로지 지치고 병든 예술과
　지치고 병든 자들이여 모두 내게로 오라는 말과
　지치고 병든 자들, 즉 지금의 당신과 언젠가의 내가 손에 손잡고 함께 걸어들어가 사라지는 어둡고 축축한 저 작은 구멍,

　내가 좋아하는 것은
　이제는 동이 터 조용한 빛이 스며든 저 구멍에서 천, 천, 히, 기어나오는
　아까 그 딱정벌레 한 마리

## 두들링(doodling)

맥없는 연주
김빠진 맥주
그런 와중에도
광활한 우주
끝없는 경주
죽고 또 태어나고 죽고 또 태어나고……
경주의 왕릉
한밤에 그 왕릉 하나씩 타넘고 놀던 기억
그 까만 밤
이제는 같이 안 노는 너희와 함께
두들링
두들링
김빠진 연주를 들으며
맥없는 맥주를 마시며
낙서
낙서
또 낙서하듯
오늘도 시간에 호작질하며
달력에 잔뜩 ×자 그으며

끄적끄적
긁적긁적
검은 물 들이부어
사건 현장 핏자국 제거하듯
두들링
두들링
김빠진 콜라마냥 소리 없는 시커멈
드르렁
드르렁
……
고요하다

이제 지구가 도는 소리가 들려?

## 호작질

호작질한다는 말
딱딱 맞춰서 예쁜 선 긋는 게 아니라
날뛰는 지진계처럼 표준선 위아래로
마구마구 휘갈기는 예술
존 콜트레인이 주어진 선을 따라가다가
갑자기 위아래로 튀어나가는
개인행동 내지는 돌발행동을 사랑해
그건 호작질이다 어릴 때 우리가 하던
연필 하나 들려주면 미친듯이 위아래로 삐죽빼죽 휘갈
기며
새까맣고 뾰족하게 만들어낸 무언가
그냥 버려지고 말던
아무도 간직하지 않는
쓰레기가 되고 만 종이
내가 지금 하는 짓도 호작질이나 다름없어
호작질할 때 비로소 나는 웃는다
주어진 선을 삐져나갈 때만
웃음이 터져나온다 터진 고무풍선에서
오색 바람 새어나오듯

재즈는 호작질이구나
사전에서 호작질을 찾아보니 손장난의 비표준어라고
비표준어가 좋다
사는 데 표준이 어디 있어?
표준은 예술 아니야
비표준으로 가자
비포장길을 달리며 남의 옷에 흙탕물 마구마구 튀기자
(이런 오색잡놈!)
그게 재즈지
호작질하고 찢고 떠나는 게
매정하게 뒤도 한번 안 돌아보는 게

# 쳇

쳇, 삶 따위
알 게 뭐람
내일 죽어도 돼
아니 지금 이 술집을 나서서 집으로 돌아가는 길에 콱 고꾸라져도……
하고 말하는 것 같다 지금 이 목소리는
쳇, 그딴 소리 집어치워
하고 말해서 듣는 사람의 힘을 빼놓는 게 아니라
땀을 쥔 손에서 과도한 긴장감을 빼앗아주는 것 같다
허무해지는 대신
이제 좀 살아봐도 되겠다는 생각이 주입된 나는
비로소 삶을 살 수 있는 상태에
이르는 것 같다 바텐더가 따라준 술처럼
적당한 수위에 이르러 딱 마시기
좋은 삶에서 멈춰
들고 원샷한 다음 탁 내려놓고 밖으로 나가
망설임 없는 발길로 걸어가는 것 같다
알 게 뭐람 알 게 뭐람
이 걸음이 나를 어디로 데려다주든……

집으로 가긴 싫다
그럼 어디로?
쳇, 고작 술집과 클럽과 집이나 오갈 수 있을 뿐인가
산꼭대기 아니면 산 아래……
하지만 삶은 늘 그 사이에만 존재하고
삶이 시시하다고 한탄할 시간에
시시한 삶의 멱살을 붙잡고 마구 뒤흔들어주면 된다
어이! 농담 하나만 해봐
집은 술집 빼기 술이고
집 더하기 술은 술집이지
같은 우스갯소리나……
쳇, 시시하군
그러면 시시한 삶 따위 마음껏 비웃어주면 된다
쯧쯧 혀를 차다가
쳇 베이커의 무너진 가슴 위로 무너져내리면 된다
그 시절 쳇 베이커는 한물가고 두물가고 세물간 인간쓰레기였고
썩은 쓰레기가 풍기는 코를 찌르는 냄새는
이 밤을 극도로 흥분시킨다
코를 찌르지 않는 것들은 도무지 엄두도 낼 수 없는 시큼한 쇠락함의 기운으로
코를 찌르고 가슴을 후벼파서
밤의 가슴 한가운데 구멍이 뻥 뚫린다

그 구멍 속 구름이 잠시 걷히자 환한 달무리가 사람을 미치게 하는 음색으로 퍼지고
　구멍 속으로 쳇이 부는 트럼펫 소리가 천천히 스며든다
　스며들 때마다 녹이 슨다
　그 녹 냄새가 이 밤을 미치게 만들어
　그 녹 냄새에 취해
　어느덧 다시 어느 술집에 앉아
　삶을 대략 포기한 자만이 줄 수 있는 힘을
　빨대로 마시듯 천천히 빨아들이며
　이만 하루의 문을 쾅, 닫아버리면 된다

## 블루 트레인

담배는 끊었지만
담배가 피우고 싶을 때
누군가에게 한 대 빌리고 싶지만
곁에 그럴 누군가도 없을 때
블루 노트 음반을 듣는다
고등학생 때 용돈을 모아 산
존 콜트레인의 '블루 트레인'
같은 CD를 듣는다
기차는 여전히 잘 달린다
그때 이후로 시간은 전혀
흐르지 않았다는 듯
잔기스만 조금 난 채
새 기차처럼 어둠 속을 달린다
기차는 물론 증기 기관차고
그럼 어두운 방안은 어느덧 하얀 연기로 가득차는 것이다
담배를 빌릴 그 누구도 방에는 없지만
기차가 대신 담배를 피워주며
이 밤의 끝까지 나와 함께
달려주는 것이다

물론 지금 이 기차를 달리게 하는 이 친구들을 태우고서
**트럼펫에 리 모건**
**트럼본에 커티스 풀러**
**테너 색소폰에 존 콜트레인**
**피아노에 케니 드루**
**베이스에 폴 체임버스**
**드럼에 '필리' 조 존스**
이름만 나열해도
이렇게 호명해보기만 해도 담배 연기인지 기차 연기인지
어쨌든 뽀얀 연기가 쉴새없이 뿜어져나올 것 같은 이름들
그럼 어느새 내 입에는
끊었던 담배가 물려 있고
담배 피우던 시절에도 피우지 못했고
맛보지 못했던
담배의 이데아 같은 게 주변에 온통 편재하고
나는 어느덧 그들이 모는 기차가 되어 이렇게 밤의 한가운데를
달리고 있는 것이다
돌아가는 음반처럼
어딘가 새로운 곳으로 가는 게 아니라
돈 자리를 또 돌고 돌며
마치 지구가 그러하고
달이 그러하듯

어쩌면 은하계가 그러하듯

그렇게 돌고 돌고 돌고 돌며

모두들 함께

심지어 이제는 다 죽은

한 번도 만나보지 못한 이 멋진 흑인 친구들과 함께

칙칙폭폭 끊었던 담배를 다시 피우고 있는 것이다

그렇게 밤은 깊어가고

더 깊어질 수 없을 만큼 깊어지고 말았을 때

거기서 딱 한 발자국만 더

깊어져보는 것이다

이 밤이

담배 연기보다 더 깊숙이

폐부로 빨려들어오는 것이다

# 0



텔로니어스 멍크가 연주하는 (I don't stand) a ghost of a chance with you
"나는 너랑은 전혀 가망이 없어"
를 듣고 있으면

유령이 나올 것 같다

아내가 잠든 후
홀로
새벽 세시의 방에서 듣고 있으면

어느덧 나타난 유령이 방문을 잠그고
나를 쳐다보고 있는 것 같아

아침이 오기 전까지 내가
이 방에서 빠져나갈 수 있을 가능성은
제로다

유령이다

유령은 나를 괴롭히지 않고
그저 멀찌감치 서서
음악을 듣고 있는 나를 바라본다

멍크의 유령 같진 않다
멍크가 누군지도 모르는 것 같다

그러나 유령은 나랑은 잘될 가능성이 조금도 없다는 걸 아주 잘
알고 있고

그래서 저렇게 멀찌감치 서서
문만 잠근 채
나와 함께 음악을 듣고 있다

새벽 세시

시간은 조금도 흐르지 않았고

오로지 멍크가 두들기는 피아노 소리만이
끝없이 흐르고 또
<u>흐르고</u>

## 존재의 방학

존재의 방학
그래서 내 존재가 희미함
내 존재는 들을 수업 없음
존재의 선생 없고 급우 없음
존재는 잠시 방치되었음
피아노 학원에 가기 싫어서 겨울날 집 앞 찬 계단에
한 시간 동안 앉아 있다 집에
들어간 적 있었음
문 열고 나왔다가 다시
문 열고 들어갔던 사이의 시간만큼
존재는 여백을 얻었음
존재는 그 여백에 빠져 죽어도 좋았음
물론 빠져 죽을 리 만무하지만
방학은 그만큼 길었음
방학이 없다면 학도 없음
방학이 있어서 학도 겨우 숨을 쉼
방학이니까 이런 개소리도
부담없이 하는 것임
존재의 방학

방학 없는 존재는
겨울날 집 앞 찬 계단이 아니라
학원에서 한 시간을 보내고 와야 했던 존재는
어느 날 옆길로 새서
스스로 방학을 선언했음
참 잘했음
참 잘했음

## 굴렁쇠


굴렁쇠가 굴러가는 모습 보기만 해도
쇠 맛이 난다 굴렁굴렁
혀 위를 굴러가는 굴렁굴렁굴렁쇠
장난감이 없는 가난한 나라의 꼬질꼬질한 아이들은 약속이라도 한 듯 하나같이
굴렁쇠를 굴리고 놀고
굴러가는 것은 일단 굴리고 볼 수밖에 없는 것은 아무래도 인간의 본능인 듯한데
어쩐지 나는 무언가를 굴려본 지 아주
오래된 기분이고
그로 인해 실패자가 된 듯한 기분
울렁울렁하는 파도에 올라타기라도 한 듯
어지러운 기분이고
아무리 둘러봐도 주위에는 네모난 책밖에 없어
문득 왜 둥근 책은 없는 건지
읽다 너무 지겨우면
혹은
읽다 너무 신나면 탁 덮고
한번 굴려볼 수 있는 책은 왜 없는 건지

궁금한 생각이 들어

나는 가만히 앉아 이 생각의 모서리를 둥글게 깎아보는 것이다

요가 매트 위에서 굴렁쇠 자세를 취하고

몸이나 한번 굴려보듯

생각을 굴리고 굴리며 다시 한번 오래전 그 굴렁쇠 놀이를 해보는 것이다

## 땅거지


동전 몇 개 주우려고 땅만 보던 시절이 있었지
꽤 잘 주워서
녹이 잔뜩 슨 그네 아래서는 오백 원짜리 몇 개를 주운 적도 있었네
먹을 게 땅에 떨어져도 무조건 주워먹던 시절
땅에 떨어졌다고 버리는 건 상상도 할 수 없던 시절이 있었지
흙 따위는 후후 불어 털고 먹었고
그러고서 우리는 서로를 땅거지라고 놀려댔다
땅거지라는
이제는 쓰지도 않는 말
땅에 떨어진 모든 게 그 자리에 거의 그대로 남아 있는
누가 당장 주워들며 땡잡았다고 하지 않는 배부른 시대에는
참 이상하게 들리는 말
간만에 떨어뜨린 음식 주워먹으며 나도 몰래
후후 불고는 입으로 가져가다 떠올린
땅거지라는 말
땅거지라는 말에 땅거미가 내린다

수십 년 치 어둠이 응축된 땅거미가 오래도록 내리는 가운데
문득 나도 옛날 사람이 되어버렸구나
땅거지라니
동전이라니……
동전 몇 개 줍다 바라본 짙은 노을이 있었다
하루종일 땅에서 주운 돈으로 사 마시던 한 병의 푸른 사이다가 있었다

# 엽서

엽서를 보내는 사람은 요즘 별로 없는데
관광지 상점에서는 아직도 엽서를 판다
어쩌면 재고인지 모른다
버릴 수도 없고 달리 보관해둘 곳도 없어서 어쩔 수 없이
진열해둔 것이고 앞으로도 재고일 것이어서 저 엽서들은 저기서 저렇게 먼지 뽀얗게 뒤집어쓰며 누렇게
변색되어가는지도 모른다
그러다 어느 날 낙엽처럼 떨어지면 인류의 가을이 올 것이고
가을엔 편지를 하겠어요, 라는 말이 진짜 미친 개소리처럼 들릴 것이고
그러다 현생 인류가 멸망하고 어느 날 신인류가 저 빈 엽서들을 발견하면 과연 뭐라고 할까
그냥 보통 사진과 구분해내지 못할까 아니면 다른 종이와는 다른 용도를 지닌 어떤 특수한 종이였다는 것도
알아차리지 못할까 엽서가 멸종한 시대에
멸종하진 않았지만 박물관에 전시된 하얀 뼈처럼 상점 한 모퉁이에 전시된 시대에
상점 문을 나서면 아직도 엽서 파는 아이들이 있다 정작

자기들은 엽서 한 장 보내본 적 없으면서
 하지만 기다림에 대해서라면 누구보다 잘 알고 있는 아이들이
 온리 원 달러! 온리 원 달러! 외치며
 달려온다 엽서보다 더 빨리
 하지만 거의 아무 내용 없이
 모두가 똑같이 판에 박은 문장을 담고
 우리가 한때 직사각형 안에 집어넣고 우글거리게 만들었던 글자들 대신
 우글거리는 가난의 소리만을 담고 강제로 배달되듯 달려온다
 내가 아직도 엽서를 쓰는 시대착오적인 인간인 줄 어떻게 알았지?
 그래도 일단 도망치고 본다
 가장 끝까지 날아오는 엽서만을 구입하기 위해
 다른 가짜 엽서를 낙엽처럼 떨어뜨리며
 반송 엽서처럼 얼굴 일그러뜨린 채 이렇게 오늘도
 인류의 가을에 한 발짝 더 가까이 다가가며

## 가을 절벽

어느덧 다시 가을 절벽 앞이다
여름 기운은 절벽 앞까지 밀려와
절벽 아래 말고는 더는
갈 곳 없고

어느덧 가을 절벽 앞이다
오후 다섯시 반인데 벌써 춥고
아까까지만 해도 괜찮던 마음
시리고
낮과 밤의 길이는 이제 불과 구 분 차이

그 구 분을 사이에 두고 불현듯 모든 걸 이해한 여름이
모두
한꺼번에
가을 절벽 아래로
뛰어
내린다

눈길만 주었을 뿐인데 떨어진다고

이즈미 시키부가 읊은 단풍이
우수수 떨어져 공중에 번지는 자리

가을 절벽만이 높고 외로이 서서
주저앉지도
뒤돌아 떠나지도 못한 채
지난여름 저 아래 품고
가을 내내 서 있다

## 절벽 꿈



사십대 들어 새로 꾸기 시작한 꿈
내 꿈 주제 리스트에 새로이 편입된 주제
초대하지도 않았는데 멋대로 들어와서 어느 날 거기 우뚝 서 있게 된 주제
어느 날 절벽이 있게 되었다
까마득히 높은 절벽에 매달린 내가 있게 되었다
처음부터 절벽은 아니었다
비교적 완만한 그것은 올라가다보면 다 오를 수 있을 정도의 높이였고
그래서 나는 계속 열심히 올랐는데 오르다보니 점점 가팔라지는 그것에 약간의 당혹감을 느끼다가
어느새 더는 올라갈 수도 내려갈 수도 없는 상황에 이르게 되고 마는 것이다
허공의 위아래 사이에 끼어서 오도 가도 못하는 처지가 되고 마는 것이다
매번 다른 인물과 사건과 배경 속에서 펼쳐지는 꿈이건만
도중에 그런 절벽에 거의 매달려 있게 되다시피하는 것만은 동일하고
그때 그 낭패감과 어쩔 줄 몰라하며 쿵쿵 뛰는 심장과 식

은땀만은 완전히 동일하고

  그렇게 나는 절벽에 매달려 오도 가도 못한 채 근래에 매달렸던 다른 절벽들을 모두 하나씩 떠올리게 되는 것이다

  그 절벽에 한 번씩 다 다시 매달려보는 것이다

  절벽에서의 공기!

  절벽에서의 (겁나서 실제로 내려다보진 못했지만 어쩐지 내려다본 것도 같은) 까마득한 아래 풍경!

  절벽에서 자욱한 실구름과 함께 떠서 아하하하 웃으며 신세를 한탄하는

  내가 있는 것이다

  꿈에서 깨어나고 나서도 한참 동안 절벽에 매달려

  도무지 절벽에서 내려올 생각을 못 하는

  절벽에 매달린 후로는 절벽 아래도 실은 모두 절벽으로 느끼는

  절벽 아래서도 절벽의 공기를 숨가쁘게 호흡하는 내가 있는 것이다

  이래도 되는 걸까

  왜 이래야만 하는 걸까

  저주인지 축복인지 모를 절벽 꿈이 나를 허공에 매달았다

  이상하게 일그러진 중력과 부력 사이에 끼어 가능한 한 길게 유지되는 한 음처럼 마음대로 솟구치지도

  떨어지지도 못한 채 허공에 매달려

  손 하나를 위로 뻗어 몸을 간신히 지탱하고서야 발을 뗀다

차라리 더 깊은 아래로 진입하듯
더 가파른 지점으로 몇 센티 더 옮겨간다
절벽의 높은 공기를 여전히 폐부에 간직한 채
드디어 발을 헛디뎌 비명과 함께 영영 추락해
절벽 꿈에서 진짜로 깨어날 때까지

## 가을 물고기

너는 추어탕의 추어가
가을 물고기냐고 했다
나는 아마 그 추 자는 '가을 추' 자가 아니라
'미꾸라지 추' 자일 거라며 말끝을 흐렸는데
네 이야기를 듣고 보니
추어는 가을 물고기가 맞는 것도 같았고
해 지는 가을의 쓸쓸한 논두렁 아래를
어슬렁어슬렁 헤엄치는 미꾸라지가 떠오르기도 해서
갑자기 나까지 쓸쓸해지는 것이다
지도 교수님과 어느 선배랑 가끔 가던 동대 쪽문 쪽 추어탕집
거기서 추어탕에 소주 먹고 나와 둘이 피우던 담배 연기가 눈앞에 피어오르는 것이다
나는 다라이에 가득 담긴 미꾸라지를 보며
어떤 도저히 설명할 수 없는 슬픔을 느꼈고
내가 살기 위해서는 남을 죽여야 하므로
사랑 같은 소리는 다 개소리라고 생각하며
선배에게 끊었던 담배 한 대 빌려서 함께 담배를 피웠던 것이다

그날 점심때 소주를 한 병은 마셨던 것 같고
나는 지도 교수님을 좋아했는데
결국 내가 모든 걸 망쳐버린 것 같고
다시는 있을 것 같지 않은 그날의 풍경은
내 마음속에서 이렇게 영원히 상영되고 있는 것이다 꺼지지 않는 담배 연기처럼
비워지지 않는 소주병처럼
나는 추어탕에는 역시 소주지, 라고 말했고
너는 다라이에 담긴 미꾸라지를 본 기억 때문에
추어탕을 잘 못 먹는다고 말했다
나는 가을 물고기가 다라이 속에서 가을과 함께
저물어간다고 말했고
이 모든 것과 무관하게
나는 지금 혼자 김오키의 라이브 영상을 틀어놓고
네가 자연드림으로 주문해준 추어탕에 소주 대신 장수막걸리를 먹고 있는데
장수막걸리는 교수님이 가장 자주 드시던 술이었는데
나는 다라이에 담겨 저물어가는 한 마리 미꾸라지가 된 심정으로
오늘 아침 너와의 대화를 떠올리는 것이다
대화 속을 헤엄치던 가을 물고기를 잡아보는 것이다
이 슬픔은 장수할 것이다
이 사랑도 장수할 것이고

사랑 따위는 미꾸라지처럼 뼈째 갈려버릴지라도
오늘 이 색소폰 소리는
감미로운 먼지 같고
뼈째 갈려도 기어코 사랑하려는 먼지가
천천히 휘날리는 것 같아
세상에서 가장 비천하게 놓인 고무 다라이 위로
불어오는 색소폰 음색은 스산한 가을바람 같았어
몇 가닥 긴 수염 느리게 흔들며
흐린 논두렁 내장 속까지 찬 노을이 스미고 있었어

## 가을밤


나는 밤의 가을 공기를 너무 좋아하므로
가을 공기와 내 몸 사이를 그 어떤 것도 가로막지 않기를 바랐다
나는 옷을 모두 벗고 베란다에 나가 창문 활짝 열고 가을밤에 내 몸을 맡겼다

가을 공기가 이토록 선선한 것은 저 달 때문이 확실하다
투명한 얼음을 넣어둔 잔이 시원해지듯
달이 담긴 가을의 대기는 시원해진다
서대경 형의 시집 제목처럼 백치는 이렇게 또 한번 대기를 느끼고
풀벌레들은 푸른 풀에 얼음으로 된 피가 흐르듯 울고

나는 저 풀벌레들이 달과 교신하고 있다고 생각한다
달이 아무 말 없이 풀벌레들이 하는 말을 모두 들어주고 있다고 생각한다

나는 밤의 가을 공기를 너무 좋아하므로
이렇게 벌거벗고 있는 게 너무 행복하므로

벌거벗은 채 가을밤 속으로 뛰어들어 가을밤을 온몸으로 받아들인다

누구랑 자거나 샤워할 때만 옷을 벗는 자들은 저열하다
나는 가을밤과 만날 때 이처럼 진정으로 옷을 벗는다
그때 벗는 옷은 그야말로 껍데기 같고
나는 껍데기를 벗고
원래 나로 잠시 돌아가는 것 같다
벌거벗은 내가 진짜 나인 것만 같다

지금 이 순간, 옷을 입고 있는 것들은 모조리 다 저열하다

풀벌레는 태어나서 한 번도 옷을 입은 적 없고
저 달 역시 태어나서 한 번도 옷을 입은 적 없고
풀벌레도 나체고
저 달도 나체고
가을밤도 나체

인간이 자신을 위해 남을 위해 옷을 벗는 건 애들 장난에 불과하다
지금껏 모든 나체는 애들 장난에 불과하다
내가 진짜 나체를 보여주겠다 내가 진짜 아무 거리낌없는
아무 거리낌없이 가을밤과 만나는

어떤 한 경지를 보여주겠다!

　나는 달빛처럼 흐른다 지금 나는 흐름이나 마찬가지다 다름없다 나는 몸은 있고 아마 영혼은 없겠지만 일단 흐른다 흐르고 본다 벌거벗은 몸이지만 몸까지 다 벗진 못했지만 나체로 달빛 속을 흐른다 〈Fly Me To The Moon〉 같은 노래 따위 들려오지 않아서 좋다 저 달까지 흘러가지 않아도 좋다 좋다 좋다 좋다 이대로 흐르고 흐르고 흐르다 사라져버려도 좋다 가을 독사처럼 미끄러지듯 달빛 속을 흐르다 다 흘러가 사라져버려도 좋다 몸을 놓쳐버려도 좋다 길어지는 밤 시원해지는 대지 너무 많은 산문으로 숨이 막힌다 시는 산문이 아니다 가을밤이 산문이 아니듯 지금 벌거벗고 가을밤과 마주한 내 몸은 당연히 산문이 아니다 그것은 솔직하고 깨끗한 육신이다 맑고 텅 빈 유리병처럼 솔직하고 깨끗한 육신 솔직하고 깨끗한 육신에는 영혼의 울림이 있다 영혼은 없지만 영혼에 상응하는 울림이 생겨나 가을의 맑고 텅 빈 유리병 안을 가득 채운다 가득찬 유리병은 여전히 텅 비어 있지만 그 속으로 지금도 밤의 가을 공기가 제멋대로 드나들고 있고

　나는 밤의 가을 공기를 너무 좋아하므로 벌거벗은 채 그 광적인 유리병 속으로 뛰어들기에 이르렀다

하늘에 달을 띄워놓고 가을의 대기를 시원하게 만드신 분을 예찬하며

나는 가을밤에 온몸을 내던져본다

## 밤비

이런 날은 그냥 돌아가기 아까워
그렇다고 딱히 갈 데가 있다거나 불러낼 친구가 있는 건 아니어서
그냥 동네나 한 바퀴 돌고 돌아가 창을 열었더니
쏟아지는 밤비—

이럴 때는 창이란 창 다
열어놓아도 창의 열림이 부족하고
열린 창으로 들어오는 빗소리의 볼륨이 부족해

세상의 모든 창을 열지 못해
대신 머리를 창밖으로 낸다
머리를 창밖에 내면
세상의 창을 다 연 것이나 마찬가지가 되고

크누트 함순은 달리는 열차 창밖으로 머리를 휙
내민 덕에 결핵을 치유했노라 주장했다는데
나는 그 말이 순 뻥은 아니었음을
밤비 내리는 오늘 이렇게 뻥 뚫린 창밖으로 머리를 내밀

고서야
　깨닫는다


　밖으로 뛰쳐나가 쏟아지는 비 한가운데 서보는 대신
　빗소리만 들려오는 실내에 식물처럼 심긴 채
　뜨거운 머리만 슬쩍 내보내 차갑게
　적셔줘보는데


　그 순간 빗소리 잦아들고
　혹시 또 내릴까
　다 그치고도 떠나지 못해
　창 다 열어놓고 그 옆에 가만히 누워만 있는 밤


　그러다 서서히 빗소리 볼륨 높아지기 시작하면
　야래향(夜來香)도 아니면서 금방 황금빛 노란 꽃이라도
피울 듯
　두 눈 꼭 감아본다
　아무래도 이런 날은 그냥 자기 아까워


　창이란 창 다 열어놓고
　없는 창도 굳이 만들어 열어놓고
　귀든 마음이든 모조리 다 흠뻑 적시고 있노라면
　나는 영원히 바깥에서 노는 것 같다

죽는 날 밤도 꼭
이런 밤이기를

## 고독도로에서
—Where Can I Go Without You*


고속도로를 잘못 쳤습니다
고속으로 친 것도 아닌데
고속은 뜻밖에도 고독이 되어버렸고
저는 한순간에 고독도로 위에 선
한 대의 고독한 차량이 되어 있었습니다

이제 또 어디로 가야 하나?
잠시 생각하다
없는 담배를 입에 물고는
담배에 불붙이지 않은 채
차 밖으로 걸어나가지 않은 채
고장난 카 오디오 같은 고독에 풍덩
잠겨 있었습니다

밖에는 아무도 없고
가로등도 다 꺼져 있지만
고독도로에서는 도로에 차가
한 대든 백 대든
모두가 고독합니다

모두가 고독한 채로 저마다 지체하고 있고

이왕 늦은 거
고속도로가 고독도로가 되어
다행입니다
잠시 차를 멈추고
대신 생각의 속도를 낼 수 있어서
생각의 고속도로를 시원하게 내달릴 수 있어서

우리는 모두 깊은 밤의 정적처럼 고독하고
밤은 그런 우리의 중얼거림이 똑똑히 들릴 만큼
가만히 숨죽인 채
우리를 향해 두 귀를 쫑긋 세우고 있습니다
그런 밤의 열린 두 귀를 향해 우리는
고장난 카 오디오처럼 지직거립니다
이제 또 어디로 가야 하나?

생각해보면 지금껏 살아오며
어디로 가도 어디로 갔다는 생각은
한 번도 들지 않았습니다
그렇군요
어디로 가도 어디로도 갈 수 없다면
결국 어디로 가든

아무 상관없을 것입니다

우리는 고독도로에서
아무리 멀리 떨어져 있어도 서로
초고속으로 만납니다
만나지 않아도
앞으로 만날 일 절대 없어도 이미 만나버려서
몇 배로 고독한 우리는
그만 차에 올라 고독한 시동을 걸고
천천히 고독도로를 달리기 시작합니다
고독도로가 다시 고속도로가 될 때까지
우리가 다시는 만나지 않고
만날 필요도 없이
모두 빛처럼 흩어질 때까지

* 키스 재럿과 찰리 헤이든의 듀엣 앨범 'Jasmine' 수록곡.

# 3부
연중무휴

## 푸젠성의 반딧불

어떤 발광은 밝다
푸젠성에는 단 스무 마리만으로도 책을 읽을 수 있을 만큼
강력하게 발광하는 반딧불이 있다고 했고*

언젠가 중국에서 만난 푸젠성 출신 시인 루딘에게
이제는 아예 내 머릿속에 들어와 사는 스무 마리 반딧불 이야기를 들려줬을 때
그는 금시초문이라며 고개를 내저어 나를 실망시켰지만

어쩌면 내가 읽은 문장은 이미 너무 낡은 것이어서
사실 푸젠성의 반딧불은 그 스무 마리가 마지막이었고
한 마리 두 마리 죽어갈수록 광도는 조금씩
낮아져 나중에는 책은커녕 문장 하나 읽을 수 없을 만큼
어두워져버렸는지도 모르지만

실은 모든 불빛은 과거에서 오는 것
지금 저 달빛은 일점삼 초 전으로부터

아까 그 햇빛은 팔 분 이십 초 전으로부터 온 것이고

반딧불은 더 까마득한 과거에서 온다
반딧불에 의지해 책을 읽었다던
형설지공(螢雪之功) 같은 말도 안 되는 옛이야기들은
이제는 다 꺼져버린 반딧불과 함께 사라지지 않고 아직도 오고 있다

오늘도 누군가가 그 불빛 아래 한 권의 책을 펼쳐 들고
깜박, 깜박
머나먼 과거를 수신하고 있다

* 『고려대 한국어대사전』 '발광' 항목에 수록된 예문에서.

## 연중무휴

일 년째 비어 있는 카페 창문에는
연중무휴라는 네 글자가 남아 있었다
일 년 동안 쉬었으면서 연중무휴라니

비어 있는 동안에도 쉴 틈은 없다는 듯
비존재에 초근접한 순간에도
잠시도 쉴 수 없는 게 존재의 운명이라는 듯
연중무휴라는 말은
새하얀 입김처럼 창문에 남아 있었다

소낙눈 내리는 삼월 아침
혀 없는 입처럼 텅 비었어도
열린 창으로 존재를 시리도록 환기시키며
카페는 오늘도 삶 숨쉼, 삶 숨쉼,
연중무휴로 입김을 내뿜고 있었다

# 평상

평상이라는 단어는
그냥 머릿속 한구석에 놓아두고
가만히 보고만 있어도 좋은
드문 단어들 중 하나

평평할 평(平), 평상 상(床)

『표준국어대사전』에 따르면 평상의 정의는
나무로 만든 침상의 하나. 밖에다 내어 앉거나 드러누워 쉴 수 있도록 만든 것으로, 살평상과 널평상의 두 가지가 있다.

머릿속 평상에 드러누울 때
머릿속에 떠오르는 문장들은 평상의 예문이 되며
그것이 곧 이 시의 목조(木造)를 이룬다

**(지금 막 떠오른) 예문:**

그날 우리는 평상에 누워 담배의 이데아를 피우며 바람

에 하얀 재 날렸지

   평상에 가만히 누워 있으니 솔솔 잠이 오는구나

   평상에 누워서 잠들면 생각도 평평해질까

   겨울에 평상에 누워 잠들었다 눈 뜨면 평평해진 생각에 펑펑 눈이 쏟아지고 있기도 할까

   예문은 끝도 없이 만들어낼 수 있고
   이쯤 되면 당신도 하나쯤 만들어보고 싶은 욕망을
   느낄 수도 있고 예문은 이 정도면 충분하다고 느낄 수도 있다
   그래도 머릿속 평상은 많으면 많을수록 좋으니 몇 개 더 놓아보면

   **(또다시 떠오른) 예문:**

   여기 누구나 잠시 누워서 쉬었다 갈 수 있는 평상이 있다

   누워서 쉬고 있으면 아무리 바쁠 때라도 아무리 심란할 때라도 모든 때가 평상시가 되는
   모든 게 평평해져 인생이 평원에 이르러버리는

고작 한 개의 단어가 있다

누구도 빼앗아갈 수 없고 철거할 수 없는
닳고 닳아도 더욱 그윽해지기만 할
평상이 있다

영원히

영원한 평상

언제든 두 눈을 눕혀 평상으로 사용할 수 있는 시가

(왜 예문은 늘 한 문장이어야만 하는가? 인생은, 결국 단어와 문장으로 이루어진 인생은 결코 한 문장으로 끝난 적이 없는데? 그런 의미에서 좀더 긴 예문, 시에 가까운 예문을 만들어보자면,)

나무 냄새가 나는 평상
더는 수분을 빨아들이지도
잎을 피워 광합성하지도 못하지만
그 어떤 나무보다도 나무다운 평상
무수한 푸른 잎사귀로 그늘은 못 만들어도
정신적 그늘은 늘 만들어주는
그 아래가 아니라 그 위에 있으면

나무 위로 승천한 것처럼
　　정신을 고양시켜주는 평상

　　성당이나 공항처럼 ㅇ이 두 개 달렸지만
　　어디로도 굴러가지 않을 것 같은
　　성당보다 단출하지만 성당보다 굳건하고
　　공항보다 단출하지만 그 어떤 공항의 활주로보다도 장대한
　　세상 밖 어느 차원으로도 뻗어갈 수 있는 평상

　　살평상, 널평상, 용(龍)평상, 전(箭)평상, 옥(玉)평상
　　무슨 평상이든 뭘로 만들었든 결국에는 모두 평상인 평상
　　평상일 뿐인 평상

　　더이상 예문과 본문과 서문이 구분되지 않는, 여러 문이 모두 뒤섞인 채 없는 팔다리를 뻗고 평상에 누워 있다

　　여기 누구나 잠시 누워서 쉬었다 갈 수 있는 평상이 있다

　　누워서 쉬고 있으면 아무리 억울할 때라도 아무리 서글플 때라도 모든 때가 평상시가 되는
　　머릿속이 한없이 평평해져서 평상에서 한 생각이란 생각은 모두 망상이자 명상이 되어버리는

고작 한 개의 단어가

일요일의 예술가는 자신이 제작한 평상에 드러누워
짧디짧은 평생을 세월아 네월아 유장히 보내본다

# 햇볕

일요일 아침 햇볕에
말라비틀어진 지렁이를 본다
나왔던 곳으로 다시 들어가지 못한
콘크리트 위에서 살이 찢긴 지렁이를
나왔던 곳으로 다시 들어가지 못하는 건
우리도 마찬가지로군
콘크리트에 살이 찢기는 건 우리도 마찬가지야
하지만 우리는 지렁이가 아니고
우리에게는 불행히도 사지가 있고
직립해서 아픈 허리도 있고
그리하여 나는 햇볕에 말라비틀어진 지렁이를 이렇게 지나치며
그에 관한 메모도 하고 있는 것이다
햇볕
햇볕의 영향력 아래 놓인 채
이 얼마나 평화로운가
라고 한 여자가 유아차를 끌고 가며
오랜만에 산본에서 찾아온 엄마에게 방금 말했고
평화라, 하고 말하는 순간 열린 구름 사이로 터지는 햇

볕이

   광선처럼 내 얼굴을 찌른다

   이 얼마나 평화로운가

   바싹 마른 지렁이에게서는 물컹한 냄새 한 점 나지 않고

   반월도서관 옆 아무도 없는 벤치 옆 빈 책장

   빌려 가서 읽으라는 빛바랜 책이 한가득 꽂혀 있던 책장에는

   고양이 한 마리가 들어가 누워 잠들어 있다

   꼬리를 늘어뜨린 채

   간혹 손과 눈을 움찔거리며

   이 얼마나 평화로운가

   (책 다 치운 사람에게 박수 백 번)

   나는 고양이를 한참 동안 바라보다

   고양이의 평화를 내버려둔 채 조용히 자리를 뜬다

   지금 저 고양이는 나보다 살이 쪘고

   나보다 근심의 무게가 가볍고

   지금 나는 저 고양이만도 못한가

   나는 저 지렁이만도

   햇볕은 다시 구름 뒤로 숨고

   나는 산을 오른다

   배낭을 멘 노인이 벗은 양말과 슬리퍼 주섬주섬 챙기더니

   나를 따라 산을 오른다

   햇볕

초가을
이례적인 늦더위
마지막 남은 매미들의 찌릿한 울음소리
그 사이를 비집고 나오는
노인이 튼 라디오 찬송가 소리

## 선데이 리뷰

일요일은 이상한 날
가장 거세게 불타오르는 휴일의 정점이자
월요병을 앓기 전날

그런 일요일만 되면 일요일의 예술가는
얼마나 많은 호랑이를 일요일에 풀어놓나

기껏해야 한두 마리
잘해야 한두 마리 반

한두 마리 반이라는
치킨 메뉴에 적힌 듯한 이상한 숫자의 호랑이가
이도 저도 아닌 존재로 어슬렁거리는 반월역 옆 밭에는

지금껏 가장 고요히 불타오르는
정오의 해바라기 몇 개

나는 평상에 앉아 오늘자 피치포크 선데이 리뷰나 느리게 정독하고

("디-라이트는 초기에 모든 메이저 레이블에 데모 테이프를 보냈다. 유일하게 응답한 한 레이블은 그것을 두고 '전혀 독창성이 없다'고 평했다.")

월요일이 가까워올수록 호랑이는 반토막에
반토막에
반토막을 거듭하고

마지막 마침표에 도착하고 나면
일요일의 정글에는 마침내 적막이 찾아들어

후두둑 까맣게
떨어지는 해바라기씨 몇 알

타이거 타이거, 버닝 브라이트,
Tyger Tyger, burning bright,
인 더 포레스츠 오브 더 나이트
In the forests of the night

가 아니라

호랑이 호랑이, 죄다 불타버린,
새까만 해바라기 씨앗 같은

차라리 텅 빈 해바라기 얼굴 같은 당신의 밤에는
새로운 호랑이가 몇 마리나 제작중인가

반토막에 반토막을 더해 겨우 한 토막이 된 호랑이들이
흩날리는 재는
이 밤을 얼마나 시커먼 이불로 뒤덮을 건가

## 보석 목걸이


산길에 빛나는 목걸이 하나 떨어져 있다
가까이 다가가니 허공으로 재빨리 흩어지는 은빛 금빛 에메랄드빛 구슬들
순식간에 발가벗겨진 목걸이
앙상한 줄 하나 드러난다
아직 덜 썩은 지렁이 한 줄
한 공간을 두 마리가 점유할 순 없어
파리들은 어쩔 수 없이 사이좋게 줄줄이 앉아
헐벗은 줄을 갉아먹고 있었던 거다
조금 가다 뒤돌아보니 어느새 다시 빛나고 있는 목걸이
주워다가 목에 걸고 뽐내며 외출하고 싶을 만큼 화려한
비단벌레 껍질을 박아 넣었다는 어느 신라 왕의 장신구 안 부러운 목걸이
하지만 손을 갖다댈라치면 구슬들은 금세 풀려나 허공으로 굴러떨어지고
다시 헐벗은 목걸이 줄은 초라하고
덩달아 나도 거기 그렇게 오래 초라하게 서 있으니
사방은 윙윙대는 파리 소리로 가득차오르는데
파리들이 내는 소리는 스트레이트하지 않고

어쩐지 허공에서 무언가를 이를테면 나의 시신을 묶는 듯한 소리에 가까운데
 이 자리에서 쓰러지면 나를 번쩍이는 장신구로 뒤덮어줄 날개 달린 구슬들
 나의 전체를 하나의 장신구로 만들어 땅의 목에 걸어줄 윙윙대는 예술가들!
 그들로 한참 빛나고 나면
 죽음이 나를 공짜로 한껏 치장해주고 나면
 누군가 나처럼 산길을 가다 빛나는 장신구 덩어리를 보고 환희로워하며 다가설 때
 구슬들은 다시 허공으로 떼구루루 굴러가버릴 테고
 거기에는 한때 나였던 것이
 이제는 거의 희박해진 채
 땅의 맨 목만을 훤히 보여주고 있겠지
 구슬들이 서로 부딪치며 허공에 온통 빛나는 노이즈를
 은가루 금가루처럼 뿌려대고 있겠지

# 풍이


동네 치미산 산책하다 만난
콘크리트 배수구에 붙어 있던 장수풍뎅이를 잠시
집으로 데려온 적이 있다
나는 곤충을 채집하지 않는다
곤충 채집에 결사반대한다
하지만 그날은 올해 처음으로 수박을 사온 날이었고
나는 어쩐지 장수풍뎅이에게도 수박 맛을 보여주고 싶었다
기껏해야 한두 달밖에 못 산다는 장수풍뎅이에게
수박을 꼭 한번 먹여주고 싶었다
나는 곳곳에 놓인 길냥이용 햇반 플라스틱 통 하나에 힘센 장수풍뎅이를 겨우 집어넣고
두꺼운 나무 조각 하나를 뚜껑 삼아 덮어주고는 집으로 데려왔다
커다란 아프리카 홍차용 통을 비우고 거기로 거처를 옮겨주고는 나무 조각과 함께 수박을 넣어주었는데
풍이는(어느새 이름을 붙여주었다) 수박은 안중에도 없이 무조건 위로 향하며 탈출하려고만 했고
나는 몹쓸 짓을 저질렀다는 생각에 크게 자책하며 풍이

를 놓아주려 했는데
　풍이는 곧 아래로 착하게 내려오더니
　낯선 수박 향을 몇 분간 경계하며 맡아보더니
　곧 입을 처박고 수박을 먹기 시작했다
　좀처럼 입을 떼지 않고 있기에 그냥 내버려두었고
　한두 시간 후에 보니 수박에 머리를 처박은 채 다리의 온힘을 풀고
　그대로 잠들어 있었다
　오줌을 잔뜩 싼 채
　그러고는 다시 깨어나 수박을 먹더니
　다시 오줌을 싸고 잠들었다
　그새 정이 든 나는 역시나 괜한 짓을 했다며
　잠든 풍이를 데리고 나가 처음 만난 콘크리트 배수구 바로 위 떡갈나무에 놓아주었다
　이미 해가 진 후였고
　야행성인 풍이는 갑자기 벌떡 잠에서 깨어나 영문도 모른 채 열심히 나무를 타고 오르기 시작했다
　수박이라는 이상한 과일을 먹는 꿈을 꾸고 난 풍이가
　이것이 현실인지 꿈인지도 모른 채
　열심히 나무를 타고 오르기 시작했고
　나는 한 달일지 두 달일지 모를 여생
　부디 잘 살아라, 하고 말하고는
　산을 내려오기 시작했다

낮잠에서 깨어나 비로소 활동을 시작한 듯한 자의 나른한 기분으로
그날 밤 속으로 걸어들어가기 시작했다

## 종이 말벌*

벌도 지치면 자는구나
아무도 도와주는 이 없이
철저히 혼자
세상 밖으로 나가 스스로 배 채우고
집 지을 재료
죽은 나무 섬유와 식물 줄기 날라와
혼자 집 짓다
그 위에 쓰러지듯 누워
자는구나
작은 종이 기둥을
다리 여섯 개로 고이 붙든 후
고개 푹 처박고
꼬리랑 뒷다리 모두
구십 도로 내리고
자는구나
간혹 뒷다리 두 개를 바람에 흔들리는 들풀처럼
바르르 떨며
그러다 갑자기 번쩍! 꼬리 쳐들더니
다시 몸을 닦고

다시 집을 지어

벌써 포기해선 안 되겠다는 듯

내가 언제 잠들었냐는 듯

다시 열심히 집을 짓다

다시 조는구나

그런 너의 등뒤로

초여름 신록이 흐르고

그러다 다시 몸 이리저리 움직이더니

다른 자세로 조는구나

잠자리가 편치 않은 게로구나

다리 여섯 개 올릴 자리도 마땅치 않아

자꾸 몸 뒤척이는 게로구나

너는 하루에 몇 시간 자고

몇 시간 일하니?

벌 한 마리의 잠과 노동의 무게와

인간 한 마리의 잠과 노동의 무게는

얼마나 완벽히 같은가

벌 한 마리가 집을 짓다 잠들어서

오늘 지구는 쓸쓸하다

벌 한 마리가 집을 짓다 날아가서는 하루해가 다 가도록 돌아오지 않아

  오늘 지구는 막막하다

  벌이 반구형으로 짓다 만 집은

아직은 읽지 못할 종이뭉치

벌은 작은 머릿속에 내재된 관념이

크고 정교한 구조물로 현실화될 때까지

여섯 개의 발로 정성껏

밟고 또 밟는데

우리는 죽기 전까지 지구를

몇 번이나 밟는가

무슨 생각으로 밟는가

* 쌍살벌을 가리키는 영어 단어 'paper wasp'를 직역한 것. 어느 날 내 방 창밖 난간으로 날아와 열심히 집을 짓기 시작한 녀석은, 역시 어느 날 재료를 구하러 날아갔다가 영영 돌아오지 않았다.

# 흙장난


아프리카 흑인을 토인(土人)이라고 부르던 시절이
있었다 "아프리카 녹음 속 활 쏘는 토인들"* 운운
그런데 인간은 사실 모두 토인이다
토인들이 온몸으로 흙을 토해낸다
어느 유명한 책에도 적혀 있다시피
결국 흙에서 와서 흙으로
돌아가는 거다 엉덩일 신나게 흔들며
어차피 떨어질 흙 미리 떨궈보는 거다
흙 속에서 있는 힘껏 사방을 빨아들이다
흙 밖으로 튀어나와 온몸의 흙먼질 제대로 한번
털어보는 거다
새로 생긴 아프리카 갤러리 개장식
충무로 도로변에서 토인들 대여섯 춤추고 두드리니
거기 둥그런 원이 생겨나고
원은 벌써 흙냄새로 가득해
뭔 일인가 싶어 흙 주위로 모여드는 동네 상인들 주민들 학생들도 잠시 미리
흙으로 돌아가본다
흙으로 돌아가 자신 안에 심어진 단단한

씨앗 비슷한 것을 얼핏 만져본다

그러다 원이 헤쳐지면 다시 다들

가던 길 가고

딱히 정처 없던 나는 갤러리 안으로 들어가보는데

일층은 아직 텅 비어 있어

나는 오래 파묻혀 있다 방금 지상으로 출토된

토우(土偶) 같은 기분이고

토우는 홀로 걸어가다 다리가 부스러져

그만 그 자리에 주저

앉아버릴 것만 같은데

밖으로 나와보니 좀 전에 사라졌던 토인들이

어느새 훨씬 더 큰 옆 무대로 자릴 옮겨 또 한바탕

행사를 뛰고 있었다

*워워워워워워워워 까만 외로움에 타버렸나봐*

*oh my baby* 어쩌고 하는 노래와는 하등 상관없이

외로움 따위 난 몰라 알아서도 안 돼

비 맞은 흙처럼 땀 흘리며

신나게 두 탕 뛰기를 하고 있었다

어차피 인간 따위 신의 흙장난에 불과하겠지만

그래도 한국에서 흑인으로 먹고살아야 하는데

외로울 새가 어디 있냐는 듯

유창한 한국어로 아리랑까지 합창한 후 평상복으로 갈아입고

다시 이태원에서 보던 흔한 흑인이 되어
인파 속에 섞여들고 있었다

\* 이육사, 「황혼」 중에서.

# 데저트 블루스
―Tinariwen


들끓는다
사하라의 이름 모를 뱀 한 마리 되어
한 모금 물도 없이
바싹 마른 온몸으로
눈앞에 펼쳐진 사하라를 건너가야 하는 것만 같아

한 번 길 때마다 비늘 하나가
모래 알갱이로 변해 바닥에 건조하게 떨어지는 것 같고
내가 긴 자리는 모래만 가득하고
몸은 그만큼 헐벗게 되는 것 같아

일렉트릭 기타 사운드가 사하라 허공을 관통해
홍차 한잔만 마셨으면 좋겠는데
추운 밤에 모닥불 지펴놓고 뜨거운 차나 한 주전자 끓여
밤새 이야기나 주고받았으면 좋겠는데
오래된 입김과 노래와 땀을 주고받았으면 좋겠는데

나는 그냥 이름 모를 한 마리 뱀이고
홍차 향기는 바람에 실려왔다 실려가버리고

밤은 아직 멀었고
뜨거운 태양 아래 내용 없는 사하라만 빈 악보처럼 펼쳐져 있어
나는 배를 비비며
배를 바닥에 갈며
투아레그
투아레그
바싹 마른 몸 움직여야 하고

그런 노래가 있었다
데저트 블루스 가수가 불러야 할 노래
데저트 블루스 가수가 아닌 가수가 부르면
당장 한줌 모래로 내려앉을 노래
모래에서 전기 냄새 진동하는
마른 입에서 쏟아지는 모래에 항문 끝까지 감전되는 노래
감전된 항문이 도취되어 똥오줌이 아니라 이 세상 것 아닌 무언가를 황홀히 질질 싸는 노래
온몸을 뱀으로 휘감고
모두가 자기가 뱀인 줄 알게 되는 노래
자기가 뱀인 줄 아는 모두가 정말로 뱀이 되어 단체로 사막을 기어가는 노래

사막은 어느덧 뱀으로 득실거리고

사막에는 뱀뿐이고
들끓는 피에 다들 몸의 최전선까지
항문까지! 익어 뱀 통구이가 되어버리고 말 것만 같은데

뱀들의 노래는 마침내 합창으로 사막을 건너다 모조리 모래로 환원되어
사하라의 태양 아래 서걱이고 있다
공테이프에 녹음되어 무료로 배포되는 모래 노래만
한없이 그슬린 한줌 레지스탕스로 바람에 날리고 있다

# 마라카스

설거지하다가 어디선가 들려오는
마라카스 소리에 돌아봤는데
아내가 길게 썬 오이에 소금을 뿌리고 있었다
소금통을 들고 가볍고 경쾌하게 흔들고 있었다
격렬하지만 가벼운 소리
개미들의 로큰롤

개미들이 적진을 향해 대규모로 행진하는 소리도
대지를 울리진 않고 대지를 간지럽히는 소리 정도겠지
심하게 간지럽히는 건 아니어서
꺄르르 웃으며 뒤집어져 대지의 내장이 튀어나오진 않을 정도

개미들의 로큰롤은
한밤중에 틀어놓으면 층간 소음을 유발하거나 잠을 깨우진 않고
어느 대낮 이국의 해변에 있기라도 하듯 스르르 잠이 오는
한밤에도 낮잠에 들게 하는 로큰롤

개미 대군이 소금 뿌린 오이가 담긴 법랑 그릇 안으로 쳐들어왔다가
연이어 소금 밟히는 소리에 취해
그만 모두 잠들고 말았네

## hwaryeokangsan
―김영승 시인께


누군가의 메일 주소를 보고 입이 떡 벌어진 건
태어나서 처음이었습니다 아마
앞으로도 없을 거라는 확신을 느끼며
저는 화려강산보다 훨씬 더 장엄하게 느껴지는 기나긴
hwaryeokangsan을 한 자 한 자 음미했습니다
화려강산보다 훨씬 더 드넓게 펼쳐진
마치 중국 열하에서 본 산맥 같은 hwaryeokangsan이 저
의 정신을 뼁 둘러쌌고
그동안 hwaryeokangsan으로 보낸 메일들과
hwaryeokangsan으로 받아보셨을 메일들이
그 메일들의 글자들이
무궁화 삼천리 화려강산에
기암괴석처럼 새겨지는 듯한 환상에 잠겨
저는 잠시 망연자실했습니다
싸운 적도 없는데
졌다는 생각이 들었습니다
깨끗이 졌다는 생각은
그러나 생각보다 상쾌한 기분을 불러일으켰고
그 텅 비고 상쾌한 기분 위로

다시 hwaryeokangsan이라는 글자가
현수막처럼 펄럭이기 시작했습니다
"급한 일?/그런 게 어딨냐" 같은 시구로 이십대 철부지 시절의 저를 놀라게 했던 몇 안 되는 인물 중 한 명인 김영승은
이제 놀랄 일도 별로 없는 나이인 사십대 초반의 저를 또 이런 식으로 별안간 뿅 놀라게 합니다
메롱 메롱 하는 혓바닥처럼
모두를 무릎 꿇게 하며
hwaryeokangsan의 시가
저 홀로 우뚝 쓸쓸히 서 있습니다

## 공든 탑


너무 공들여 쓴 것 같은 글을 보면

징그럽다

하는 일 하나하나 너무 지나치게 공을 들이고 있을 때
나는 내가
버러지처럼 징그럽다

대체 뭘 이루겠다고
무슨 혁혁한 공을 세우겠다고!

이게 다 뭔가,
싶은 생각이 드는 것이다

공든 탑이 무너지랴, 라니

너무 공들인 탑은 차마 눈뜨고
봐줄 수도 없다

탑 꼭대기에 올라가 떨어지지 않아도
제자리에서 아주 저 바닥까지
곤두박질치는 기분

나는 너를 아주 잘 알고 있다

## 백호의 목소리

백호의 목소리는 잿빛 연기 같다
그 목소리 너머로 뭐가 자꾸 보일 듯도 한데
사실 그 너머에는 아무것도 없고
나는 자꾸 그 연기만 바라보고 있는 것 같다
연기로 뭘 자꾸 만들어보려 애쓰며
지난 수십 년을 살아온 것 같다
만들어온 연기는 점점 옅어져
그 뒤로 숨겨진 아무것도 아닌 그 무엇이
이제 막 보일락 말락 하는데
하지만 그의 백발은 그 어느 때보다 운치 있고
백호는 불어오는 바람에 두 눈 지그시 감은 채
가만히 백발만 휘날리고 있다
백호는 목청을 뽑기도 전에
이미 노래를 다 들려준 것 같다
스모키한 위스키 한잔 마시기도 전에
독한 연기로 기억이 자욱해진 것 같다
밤바다 저 멀리 보이는
조각배 시린 한 점 빛처럼
이제 꺼질 일만 남았는데

조명 완전히 꺼지고 나면
생각보다 홀가분할지도 모를 일인데
그래도 오늘은 아직이고
오늘의 흔들림은 아직이고
아직이라는 말
백호는 아직이라는 말을 낙엽처럼 천천히 밟으며
다시 한 걸음 한 걸음
흔들리기 시작한다
연기 뒤에 숨겨진 것은 알고 보니 빈
객석이었고
모든 객석은 원래 빈 것으로 시작해 빈 것으로 끝나는 것이고
백호는 그 두 텅 빔 사이의 시간을 생각할 뿐이다
그 사이를 떨림으로 채우며
오늘도 다만, 흔들릴 뿐

## 백호의 손
—2023년 12월 22일 최백호 강서아트리움 공연 후 즉흥으로

   백호의 공연을 즐기는 또다른 방법은 그의 단조로운 듯하면서도 의외로 다양한 손동작을 유심히 관찰하다 급기야 감상하는 것인데
   가만히 보면 백호의 손은 망설이는 것 같기도
   몇 걸음 조심스레 떼다 다시 주저하는 것 같기도
   자신도 정확히 알지 못하는 무언가를 자신도 정확히 알지 못하는 누군가에게 권하기라도 하려는 것 같기도
   심장에 조금 더 가까이 다가가려는 것 같기도
   갑자기 마음을 지휘하려는 것 같기도
   무언가를 어딘가로 끌어올리려는 듯
   끓어오르려는 듯
   하지만 결국 적당한 어느 선에서 그냥 놓아버리려는 것 같기도
   두 손을 멀리 날려 보내고 싶지만 두 손은 두 팔에 붙은 것이고 두 팔은 몸뚱이에 붙은 것이어서 어느 시점에는 거두어들일 수밖에 없고
   우리는 두 손을 날짐승처럼 자유로이 풀어줄 수 없고
   어쩌면 두 손은 두 팔이라는 밧줄에 매달린 채 허공에 떠오로지 착륙할 그날만을 기다리며 지금 이 순간에도 현기

증을 느끼고 있는 것 같기도

  두 손은 호흡이 무척 가쁜 것 같기도 한데

  그러다 두 손 모아 기도하려는 것 같기도

  그러나 두 손은 어쩐지 서로를 어색해하는 것 같기도

  서로 친해져보려 애쓰지만 잘 친해지지 않는

  하는 수 없이 한집에 사는 헤어진 두 부부 같기도

  그래도 둘이 가끔 눈 마주치는 것만으로도 기도하는 것 같기도

  가끔 한 손이 마이크를 살짝 쥐어짜면 나머지 한 손이 한 발 늦게 올라와 같이 마이크를 쥐어짜는 것 같기도

  그러다 두 손은 박수를 치기도

  나란히 시선을 부산항 바다 끝으로 향해보다가 다시 떨어져 서로 어색해하는 것 같기도

  그렇게 잠시 모였다 곧 떨어지는 게 조금 보기 좋기도

  손에도 뺨이 있다면 그 뺨은 붉어져 있었을 것 같기도

  그렇게 수줍어하는 게 어떤 긴장감을 불러일으키는 것 같기도

  더없이 간절함을 쏘아올리는 것 같기도

  솟구치다 문득 급강하하는 게 마음을 내려놓는 것 같기도

  더 높은 솟구침을 위해 잠시 하강하는 것 같기도

  하지만 굳이 더 높이 솟구치지는 않으려는 것 같기도

  그냥 그대로 다시 갈라져 서로 거리를 유지하는 것 같기도

어찌 보면 삶은 영원한 망설임인 것 같기도
망설이고 망설이다 두 손을 맞잡는 순간
다시 두 손을 놓아버리는 것 같기도
잡지 않아야 영원히 잡을 수 있는 것 같기도
아무리 간절히 맞잡아도 오른손은 오른손이고 왼손은 왼손일 수밖에 없는 것 같기도
둘이기에 잠시나마 하나가 될 수 있는 것 같기도
그래서 저런 어색함은 지극한 자연스러움인 것 같기도 해서
나는 백호의 목소리만큼이나 손에서도 많은 것을 느끼며
나이가 들어갈수록 좋아지는 무언가에 대해 생각하며
그의 손이 그리는 궤적을 지나치게 좇느라 정작 목소리에는 덜 집중한 것 같다는 생각에 약간의 죄책감마저 느끼며
관객을 가려 받고 노래 부를 수는 없듯 독자를 가려 받고 글을 쓸 수는 없다는 사실을 새삼 실감하며
관객석에서 끊임없이 휴대폰이 울리고 통화 소리까지 들리는 개판이 벌어져도 짐짓 무시하며 그쪽으로는 한 번도 향하지 않는 손의 시선에 감탄하기보다는 건조한 슬픔을 느끼며
급히 공연장을 나서 지하철에 올라 두 손을 가까이한 채 다시 켠 휴대폰 메모장으로 지금 이 글을 쓰고 있다
두 손이 서로를 의식한 순간 서로 어색해하며

오늘의 공연 소감을 급마무리하고 있다

## 어떤 박수 소리

어떤 박수 소리는
기름이 끓는 것 같다
그 기름에 튀겨지는 대상의 외침은
들리지도 않는 것 같고
또 어떤 박수 소리는 한없이 쏟아지는
폭우와도 같아
그 안에 들어가 한동안
나오고 싶지가 않다
멀리서 들려오는 어떤 박수 소리는 분명
기계적인 것인데
그 열렬한 온도가 내 마음을
설레게 하는 것만 같다
심장이 다시 뛰기
시작하고 손이 재빨리 움직여
죽었던 문장을 다시 무덤 위로 일으켜
세우는 것 같다
무덤 위로 일어선 시체는 쏟아지는 폭우를 맞으며
오랜 흙먼지 모두 씻어내고
새사람이 되어 객석으로 가

언제라도 다시 박수를 쳐줄
준비가 되어 있고
어떤 박수 소리는 진심이어서
어제도 칠 수 없었고 내일도 칠 수 없는
오로지 지금 이 순간에만 칠 수 있는
진심이어서
박수를 받지 않는 사람도 박수를 받는 듯한 기분에
빠져들게 만들어
감사합니다, 감사합니다, 하고 연신 고개를 숙이며
눈시울을 붉히게 하기도 한다
무대에서 내려가는 동안에도 박수 소리는 끊이지 않아
서서히 낮아지는 볼륨의 박수 소리 들으며
어느 긴긴 계단을 혼자 내려가고 또
내려가고만 있는
이제 인생에서 영영 퇴장하는 어느
영광스러운 저녁에

## 존재와 시간

"이 셰기 제대로 가는 거 맞어?"
빈 테이블 독차지하고 앉아 있던 영감이 갑자기
주인 여자에게 소리치고
여자는 그에게 너무 취했으니 오늘은 그냥
가시라고 한다

영감은 잠시 잠잠한가 싶더니
"이 셰기 제대로 가는 거 맞냐고!"
다시 고장난 시계처럼 울려댄다
ㅣ과 ㅔ를 뒤바꿔 발음할 줄 아는 재주
그런 놀라운 술재주를 저 영감은 가지고 있고

"벌써 올 시가이 지났는데 저 셰기 고장난 거 아이야?"
곧 친구가 올 거라며 큰소리쳐보지만
가게 한구석 잿빛 신문지 위에 쌓인 굵고 기다란 순대들
시계 밖으로 꺼내져 토막난 시간의 내장처럼
고요하기만 해

24시간 영업하는 가게에 걸린 시계라고 해서 다른 시계

보다 특별히 더
　바쁠 리는 없고
　고장이 나서 어쩌다 하루 24시간이
　42시간이 돼버리는 일도 일어나진 않을 텐데

　다시 보면 영감은 이제 시위라도 하듯
　자신의 인생은 그동안 일분일초도! 틀린 적이 없었음을 증명해 보이기라도 하겠다는 듯
　열린 문 옆으로 가 시계 바늘처럼 꼿꼿이 서 있고

　조금 있다 다시 보면
　흘러가버리고 없다
　테이블에는 때마침 현재진행형으로 펄펄 끓는 순댓국 한 그릇과
　찬 소주 한 병이 올려지고 있는데

　문득, 영감이 그토록 고대하던 친구가
　어쩌면 나였는지도 모르겠다는 생각이 드는 것이다

　그가 너무 빨리 온 건지
　내가 너무 빨리 온 건지
　그건 잘 모르겠지만

잠시 시계가 아주 크게 고장나
모든 게 뒤엉켜버린 건 아닌가 싶은
생각이

24시간에 42시간에 다시 24시간이 무한히 추가되는 동안
차갑게 식어만 가는 이 시공간에서
이왕 다 뒤엉킨 거
그냥 여기서부터 새출발해도 나쁠 건 없겠다는

이제 식사를 끝내고 밖으로 나가면 어쩔 수 없이 또다른
시공간이 펼쳐지리라는 생각에
젓가락으로 뚝배기를 두드리며

노래라도 한 곡조 뽑아보고픈 기분이 드는 것이다
뜨겁게 익은 시간을 숟가락으로 퍼서 입안에 쑥
밀어넣고는 잘 안 잊히는 지난 시간 따위
꼭꼭 씹어 잘게 망가뜨려보는 것이다

# 별거

별거 아닌 거
하늘에 뜬 별 같진 않은 거
페르세우스 유성우가 수놓은 여름밤 같지도 않은 거
우주쇼는 더더욱 아닌 거
배우자와 별거하는 상황에서 맞이한 밤 열한시보다 더 별거 아닌 거
별별 무슨 별 구슬같이 둥근 별
어디 어디 떴나 이미 지고 없지
이미 지고 없는 거
제대로 한번 싸워보지도 못한 거
사실 싸울 필요도 없는 거
괴물 메두사의 목을 베고 귀국하는 길에
바다 괴물로부터 안드로메다를 구해 아내로 삼지만
결국 별거하게 되는
홀로 어느 별에 거하는 중인 어느 캄캄한 밤
잠 못 이루며 자신이 죽인 두 괴물의 가족 친지를
밤새 생각하다 다시 유성우로 쏟아져버리는
페르세우스의 심정 같은 거

## 염불 교실


염불 소릴 들으면 왜 쌍팔년도
한국 영화가 떠오르는 건지
신파가 되는 건지 자동으로
김수철이 만든 BGM이 깔리는 건지

소리에 들러붙은 것들 씻겨주고 싶어
소리에 찬물 한 바가지 들이붓고 싶어
여기가 염불 교실인지 뽕짝 교실인지
다들 뭔 사연들이 그리도 많은 건지

참 구구절절이 잘도 꺾어댄다
집으로 돌아가는 길 내리는 11월 찬비에 홀딱 젖어도
씻기지 않는 소리
죽어라 젖고 뚝뚝 흘려대도 도무지 빗물에
떠내려가지 않는 소리
집에 거의 다 와갈 무렵 비는 어느덧 눈으로 바뀌어 있고
당신은 이제 영락없는 눈사람이 되어 있고

눈사람은 집에 가다 말고 잠시 동네 중국집에 들러

짬뽕 한 그릇에 빼갈 한 병 시킨다
술잔 한번 입에 가져갈 때마다
눈사람의 흰 몸은 이만큼씩 사라져가고
국물 한입 들이켤 때마다
흐르는 붉은 땀에 온몸이 젖어들어

집 앞에 당도했을 때는 이미 형체조차 알아볼 수 없는데
그때 고요히 문 열고 나와 그 고주망태에
깨끗한 찬물 한 바가지
끼얹어주는 그대여

더 녹아서
다 녹아서
우리 모두 깨끗해질 그날까지
새파란 빙판으로 바닥에 바짝 엎드려
지나가는 중생들의 기분
미끌미끌하게 할 그날까지

## 12월

비쩍 마른 일력
너는 아직 11월
지나간 날들 뒤늦게 다 뜯어내고 나니
마침내 오늘
한층 더 마른 일력
연말에 약속 몇 개
한 개는 가족과 함께
두 개는 모르는 남과 함께
한두 개는 나 자신과 함께
그렇게 일하고 놀고 먹고 마시고 떠들다보면
좀더 말라 있을 일력
더는 마를 여력도 없을 때
12월은 사라지고
일력은 일 년짜리 생을 마감하리
유해도 남기지 않은 채
아니 단 한 장의 유해만을 남긴 채
일력의 유해는 늘 마지막 한 장
읽으면 읽을수록 사라지는 이상한
아니 그래서 가장 현장감 있는

바깥 삶을 그대로 빼다박은 책
마지막 페이지는 이미 정해져 있음을
매년 시각적으로 물리적으로 가장
완벽하게 체감시켜주는 일력이
오늘 임무를 완수하고
마지막 눈을 감았다
원래 없던 눈을
누구보다도 검게 꼭

# 하품


소는 하품밖에는 버릴 게 없다(고 한다)

버려진 소의 하품은 어디로 가는가
정처 없이 헤매다 우연히 내 입으로 들어와 나의 하품이 된다
내 뼈다귀를 소 뼈다귀로 만들고
내가 하루종일 쳐다보는 컴퓨터 모니터를 소가 일구는 밭으로 만든다

멍에 메고 일하면 기분 더럽지만
멍에라도 없으면 하루는 또 너무 길어
오늘 하루도 또 뭐라도 하며 보내야만 하고

그렇게 아침부터 저녁까지 밭을 일구다 결정적인 순간에 나는 문득
하품밖에는 할 게 없어지고
하품 말고는 다 버려도 좋을 만한 존재가 되어
하아아암
늘어지게 하품이나 한번 해본다

하품이라도 내보낼 수 있어서
얼마나 다행인지

결국 내 안에 갇혀 뼈빠지게 일하다 죽게 될 삶
하품이라도 빠져나올 수 있어서

# 황유원의 편지

'일요일의 화가(Sunday painter)'란 평일에는 주업에 종사하다가 주말에만 그림을 그리는 '아마추어 화가'를 가리키는 관용적 표현으로, 흔히 프랑스 화가 앙리 루소의 별명으로 잘 알려져 있다. 세관원으로 일하며 퇴근 후나 일요일에만 그림을 그리던 앙리 루소는 1903년에 두번째 아내와 사별한 후에야 모든 시간을 그림에 바치기 시작했다. 말하자면 매일을 일요일로 만들어버린 것이다. 이 글을 쓰기 전까지 나는 '일요일의 화가'를 '일요일의 예술가'로 잘못 기억하고 있었는데, 어쨌든 나는 앙리 루소의 팬은 아니지만 '일요일의 예술가'라는 말을 처음 (잘못) 들었을 때부터 그 표현이 마음에 들었고, 앙리 루소의 그림에서 풍기는 일요일의 정서까지 사랑하게 되었다. 언젠가는 이것을 제목으로 시를 쓰거나 시집을 내야겠다고 생각했을 만큼.

생각해보면 내게 예술, 그러니까 시란 본업이라기보다는 늘 '딴짓'이었다. 대학생 시절에는 수업을 듣다가 책의 여백에 늘 시를 끄적였고, 회사원 시절에는 회사 프린터로 신인상 투고작을 출력했다가 발각되는 바람에 수모와 놀림을 당하기도 했다. 심지어 여생을 인도철학 연구에 바치기로 결심하고 들어간 대학원에서도 나는 어쩔 수 없이 다시 시를 쓰고 있었다(이를테면 「충칭하는 종소리」 같은 시는 빗속에서 쓴 게 아니라 어느 일본 불교학자의 특강을 듣다가 쓴 것이다. 시에 불교 용어가 많이 등장하는 것은 순전히 그 때문이다).

등단 후 먹고살 길이 막막해지면서 시작한 번역 일은 어느 순간 본업이 되어버렸고, 나는 공부에 이어 시까지 포기하기에 이르렀다. 번역 일이 내 모든 시간, 그러니까 평일뿐만 아니라 주말과 휴일까지 모조리 잠식해버렸기에. 하지만 그럼에도 시는 길을 잃지 않고 다시 내게 찾아왔다. 실은 내가 시를 놓아버리지 않아서 그랬던 것이겠지만, 어쨌든 나를 버리지 않고 지금껏 내 곁에 남아준 것이다.

 시를 쓸 때면, 쓰는 그 순간만큼은 시간이 사라진다. 통편집된 것처럼. 황홀히 타오르는 백열(白熱)과 함께 잠시 사라지는 머리. 하지만 그렇게 사라진 시간의 여파는 엄청나다. 그후의 삶은 오직 그 시간을 되찾기 위해 존재하는 것처럼 느껴질 만큼. 나는 그 모든 시적 시간을 '일요일'이라고 부른다. 시를 거의 받아쓸 때 나는 나도 모르는 새에 '일요일의 예술가'가 되어 있다.

 '일요일의 예술가'라는 말이 왜 그토록 내 마음을 끌었던 걸까. 일요일에도 늘 평일처럼 일하며 그렇게나 소중하던 일요일을 상실한 후로 일요일이라는 말이 더욱 간절해져서? 단지 그런 유치한 이유 때문만은 아닐 것이다. 잠시 '일요일의 예술가'에 대해 생각해본다. '일요일의 예술가'는 월화수목금토를 다 보내고 마침내 한가로이 일요일에

당도한 예술가 같기도 하고, 홀로 태양처럼 떠올라 자신의 내부와 외부의 한없이 어두운 구석에 관심과 해부의 조명을 들이대는 예술가 같기도 하며, 일주일이라는 굴레에 빠져 앞으로 읽으나 뒤로 읽으나 피차일반인 똑같은 일상에서 도저히 벗어나지 못하면서도 벗어나려 애쓰며 시적 광선을 이리저리 쏘아대는 예술가 같기도 하고, 이 모든 것과 무관하게 그냥 모든 요일과 모든 순간을 일요일처럼 살아버리는 예술가 같기도 하다. 어쨌거나 '일요일의 예술가'는 일요일의 예술가이고, 월요일의 예술가도 화요일의 예술가도 수요일의 예술가도 목요일의 예술가도 금요일의 예술가도 토요일의 예술가도 아닌 일요일의 예술가는 거의 일요일의 화신이 되어 모든 순간을 일요일로 만들어버리는 '빨간 날' 같은 시를 따사로이 마구 쏟아낸다. 예술이 개입하는 순간 평일과 휴일의 경계는 사라져버린다, 모든 세속적인 날은 잠시 홀리(holy)한 홀리데이가 되어버린다. 그런 것 같다. 그래서 좋아하는 것 같다. 그래서 나는 '일요일의 예술가'가 되고 싶어하는 것 같다.

물론 이 글을 쓰는 와중에도 할일은 쌓여 있고, 나는 이 글을 마치자마자 번역서 교정지를 확인하고, 곧 출간될 다른 번역서의 해설을 쓰고, 전시회용 텍스트를 번역하고, 벌써 시작했어야 할 새 번역서 작업을 시작해야만 한다. 일요일은 여전히 요원하기만 하다. 하지만 그럼에도 그 사이사이 시는 찾아올 것이다. 예술은 나를, 우리를 절대 버리지 않을 것이다.

대체 왜 사는지도 모르겠을 만큼 바쁘고 어려운 나날 속에서도 무언가를 죽어라 제작하는, 모든 평일을 일요일로 만들고 모든 일상을 예술로 연금(鍊金)해 탄생과 죽음에 저항하는, 절대 그저 그런 평일의 예술가로는 전락하지 않으려 오늘도 죽어라 발버둥치는 이 땅의 모든 '일요일의 예술가'들에게 이 시집을 바친다.

# Air France

**Translated by Min Ji Choi**

## Air France

When I was a ghostwriter

that is

When I wrote advertorials for the Air France webzine as a ghostwriter

that is

When I exalted the beauty of the Plage de Cabourg

(which I never got to visit)

dropping references to Marcel Proust's *In the Shadow of Young Girls in Flower*

he (to whom I'm thankful for reading that piece)

was outraged that the piece didn't credit me by name

and I (who found it ridiculous that he was reacting to it more strongly than I was)

got even more outraged than he did.

What's the point of naming a ghost?

There's a good reason why a ghostwriter is a ghost.

It's a clause in the contract that all parties agreed on.

A ghost who whines about names and credits doesn't deserve to be a ghost.

For a ghost to befit the title of a ghost it must erase and efface its name

and plus when my name keeps getting erased

it feels like I'm really being erased myself and

that's actually a pretty helpful treatment for an inflated ego.

I'm starting to realize that to live is to actually become closer and closer to a ghost.

The ghost that was blurry before becomes clearer and more defined

and this world that was clear and defined before loses focus

and becomes hazier and blurrier.

Being outraged over the omission of your name is just like

refusing to admit after death that

you are now a ghost and that

for sure leads to misfortune

for sure leads to becoming a ghost and ultimately hurting some living person.

When I was a ghostwriter

I'd cross the heavens on an Air France flight

(which I never got to board)

and land in France in a flash and trek around every region

where I was happy until dawn broke

until I hid from the sun into the shadow

of young girls in flower.

Ghosts can fly but since

France is too far to fly to in a ghost's body

since I could crash into the water on the way and end up becoming a malicious water-ghost

it was always delightful to fly with Air France with a Flying Ghost status

and since it was the greatest pleasure afforded to a ghost

I happily remained a ghostwriter until

one day I was fired out of the blue

until my name which I believed I'd almost effaced from this world

came back to me and suddenly

I found myself standing so clearly and defined like a naked statue in broad daylight.

The last essay I sent in never got published

never got me paid

and only the books I bought for research with my own money

still sit at the bottom shelf of my bookcase

covered in dust

becoming something akin to a ghost.

When I was a ghostwriter

Then I was in my heyday and I could fly anywhere without a name

or rather because I had no name

I could stay inside the snow-white veil-like joy reserved for ghosts

that a living person can never feel

that a named person can never approach.

In the shadow of young girls in flower

erasing and erasing my name like petals falling one by one

I could drown and die in the ecstasy of becoming ghost.

When I knew how to fly to France in a single essay and return at the break of dawn

Then I was perhaps more like a writer.

All the poems and prose I wrote when I was more like a writer

went to the dumpster the following year with the broken computer

erased from this world without a trace like a ghost left in daylight.

I was definitely more like a writer then definitely

had the proper taste of a ghost definitely

had the proper flair of a ghost

and not being so bound by this cumbersome name and unwieldy body

I could become a ghost as big as an airplane and scrawl over the horizon with skywriting even if it was

just an aerial advertisement

just the specter of capitalism still

I could totally savor the feelings of a writer

being no writer.

When I was a ghostwriter

I knew how to pen words of fragrant nonbeing

in flowing handwriting like petals falling each and every second

and like a flower petal forgotten upon its fall

no longer belongs to the tree's blossom

the words no longer belonged to me.

Each line was airy light

like footsteps into the afterworld.

**Min Ji Choi**

서울에서 태어나 스무 살에 영국으로 가 영문학을 공부했다. 케임브리지 세인트 존스 칼리지의 하퍼-우드 문예창작 펠로우였으며, 2025년 미국문학번역가협회(ALTA) 멘토링 프로그램에 한국 시 부문 신인 번역가로 참여하였다. 현재 하버드대 비교문학 박사 과정에 재학중이다.

난다시편 002

# 일요일의 예술가
ⓒ 황유원 2025

1판 1쇄 인쇄 2025년 10월 22일　　　1판 1쇄 발행 2025년 10월 31일

**지은이** 황유원
**펴낸이** 김민정
**책임편집** 유성원
**편집** 정가현 정수범
**디자인** 퍼머넌트 잉크
**저작권** 박지영 형소진 주은수 오서영 조경은
**마케팅** 정민호 박치우 한민아 이민경 박진희 황승현 김경언
**브랜딩** 함유지 박민재 이송이 박다솔 조다현 김하연 이준희
**제작** 강신은 김동욱 이순호
**제작처** 천광인쇄사

**펴낸곳** (주)난다
**출판등록** 2016년 8월 25일
제406-2016-000108호
**주소** 10881 경기도 파주시 회동길 210
**저작권 및 독자문의** copyright_nanda@munhak.com
**작가섭외 및 행사문의** innanda@munhak.com
**페이스북** @nandaisart　　**엑스** @wingedpoems
**인스타그램** @nandaisart
**문의전화** 031-955-8865(편집) 031-955-2689(마케팅) 031-955-8855(팩스)

ISBN 979-11-94171-94-2  03810

○ 이 책의 판권은 지은이와 (주)난다에 있습니다.
○ 이 책 내용의 전부 또는 일부를 재사용하려면 반드시 양측의 서면 동의를 받아야 합니다.
○ 난다는 (주)문학동네의 계열사입니다.
○ 잘못된 책은 구입하신 서점에서 교환해드립니다.
　기타 교환 문의 031) 955-2661, 3580